Big

Leadership

MZ세대 직원들과 함께 강력한 팀을 만드는 방법
Big Leadership(빅 리더십)

초판 1쇄 인쇄 2024년 5월 20일
초판 1쇄 발행 2024년 6월 15일

지은이 김경수

발행인 백유미 조영석
발행처 (주)라온아시아
주소 서울특별시 서초구 방배로 180 스파크플러스 3F

등록 2016년 7월 5일 제 2016-000141호
전화 070-7600-8230 **팩스** 070-4754-2473

값 19,800원
ISBN 979-11-6958-110-3 (13320)

※ 라온북은 (주)라온아시아의 퍼스널 브랜드입니다.

Big Leadership
빅 리더십
MZ세대 직원들과 함께
강력한 팀을 만드는 방법
김경수 지음
본질에 충실한
성과 중심
mz세대 경영
솔루션!!
대한민국 1만 리더,
“MZ세대 직원들의 심장을 두근거리게 하라!!”
세대 갈등의 시대,
리더와 MZ세대가 함께 성과를 내는 조직 리더십 전략
MZ세대도 믿고 따르는 뉴타입 리더의 본질 제시!!
RAON BOOK

RAON BOOK

프롤로그

성과관리는 리더의 책임이자 권한이다.
기본에 더 충실한 리더십 행동을 선택해야 할 때다.

이 책은 쉽지 않은 환경에 둘러싸여 있는 리더분들에게 위로와 격려, 그리고 지지를 위해 쓰기 시작했다.

변화의 물결이 천천히 감당할 만큼의 속도로 오면 얼마나 좋겠는가? 생각해보고 예측도 해서 대비책도 세우고, 필요한 마음가짐과 훈련들도 준비한 상태로 변화를 맞이 하면 변화 관리를 잘할 수 있을 텐데, 세상은 그리 만만치가 않다. 보통은 그런 시간을 주지 않는다.

조직에서 리더의 역할을 맡고 있다면 더욱 힘이 들기도 한다. 져야 할 리더의 십자가가 있고, 이를 질 수밖에 없는 것이 리더의 숙명인 것이다. 그럼에도 불구하고 지금의 리더들을 더 힘들게 하는 것이 존재하고 있다. 리더십을 발휘하고자 할 때 상대적으로 힘들게 하는 장애요인이 과거와 비교했을 때 더 많아졌다는 것이다. 그중에 가장 큰 비중을 차지하고 있는 것이 조직을 책임지고 관리하고 이끌어 나가기 위한 제도와 시스템을 갖추고 있어도 제대로 작동시키지 못한다는 것이다.

성과관리는 리더의 책임이자 권한이다. 책임만 강조하고 권한은 권위주의로 몰아가면서 약화시키고 있는 경우들이 많이 발생하고 있다. 신상필벌을 원칙대로 적용하는 리더가 냉정한 리더이고 권위주의적인 리더로 평가받기도 한다. 주어진 업무를 제대로 하지 않아 조직과 동료들에게 민폐를 끼치고 있는 팀원이 있어도 당장 어찌하지 못하는 것이 현실이라고 들었다. 이것이 본질적인 이슈인데, 근무시간을 지켜야 한다는 것과 긴급한 상황이 발생하면 초과근무의 이슈가 제기되고, 거기에 워라밸까지 밀어넣어 본질을 퇴색시키는 일들이 현장에서는 벌어지고 있다. 이것을 MZ세대 직원의 불만요인 중 하나로 부각시키고, 세대간 갈등으로 해석하면서 리더가 변해야 한다고 일방적으로 압박하고 있는 것을 보게 된다.

물론 리더들이 완벽하다고 전제하지는 않겠다. 리더들도 지속적으로 자신의 리더십 개발을 위해 노력해야 한다. 그러나 이런 여건과 환경 속에서 리더로서 중심을 잡는다는 것이 과거와 비교했을 때 쉽지 않다는 것이다.

어찌보면 지금의 리더십 상황에서 리더들에게 모든 책임을 돌리는 것은 적절치 않다고 생각한다. MZ세대를 위해서 리더가 변해야 모든 문제가 해결된다고 하는 일방적인 주장을 잠시 내려놓고, 리더로서의 권한과 실행 가능한 제도와 시스템을 제대로 갖춰주는 것에도 초점을 맞춰야 한다.

노는 물이 중요하다는 말을 많이 한다. 사람이 어떤 사람들과 일하고 생활하면서 소통하고 관계를 맺어가느냐가 그 사람의 성장과 발전에 지대한 영향을 미친다는 의미이다. '맹모삼천지교'라는 말을 많이 인용하기도, 하지만 조직도 그래서 조직문화와 풍토, 핵심가치 등을 강조하고 관리하는 데 힘을 쏟는다.

사회초년생이 어떤 문화를 가지고 있는 회사에 입사하느냐에 따라 시간이 흐르면서 달라지는 것을 주변에서 많이 보기도 하고 경험해 보았다. 주변에서 보고 들은 바로, 글로벌 기업에서 근무하는 한국인 MZ세대에게는 주말 근무의 이슈도, 초과근무의 딜레마도 없다는 것을 알게 되었다. 워라밸은 자신이 더 성과를 잘 내고 성장, 발전하기 위한 수단이지 목적으로 생각지도 않는다.

차이가 무엇일까 따져보니 글로벌 기업들은 성과주의라는 인프라가 제대로 작동되고 있는 조직이라는 것과, 이것이 이미 문화로 정착되어 있다는 것이 한국의 기업과의 차이임을 알 수 있었다. 성과가 기준에 못 미치면 아웃된다는 것이고, 그것을 알고 일한다는 것이다. 환경의 중요성을 설명하는 사례이기도 하다.

리더에게도 어느 수준의 권한과 책임을 부여하고 성과관리에 필요한 제도와 시스템을 사용할 수 있게 보장해 주느냐에 따라 역량과 성과 창출의 정도가 달라진다고 생각한다. 리더를 둘러싸고 있는 환경과 문화에도 관심을 가지고 리더십의 문제에 접근하는 것이 중요하다.

그렇다고 리더가 마냥 환경 탓을 해도 된다고 마음 따뜻하고 훈훈해지는 주장을 하는 것이 아님을 분명히 하고 싶다. 리더는 책임을 지는 사람이다. 위로와 지지를 받고 다시 마음을 추슬러 전쟁터로 나가서 승리해야 한다.

또 한 가지, 이 책이 이렇게 사용되었으면 하는 바람이 있다.

자극과 반응에 대한 행동주의 심리학 이론이 있다. 인간은 무작정 자극이 오면 바로 반응하는 것이 아니고, 자극을 본인이 어떻게 선택할 것인지를 결정하고, 자신이 반응을 선택할 수 있다는 것이다. 자극이 왔을 때 바로 반응하기 전에, 반응을 선택할 수 있는 중간 필터로 이 책이 사용되기를 바라는 마음으로 집필했다. 성숙한 리더라면 자극에 본능적으로 반응하지 않고, 자신이 선택한 반응을 할 수 있을 것이다.

너무 오랫동안 이런 장치가 누구에게나 있음을 잊고 살아온 것 같다. 환경의 영향이 크다. 우리 주변의 선정적이고 자극적인 미디어의 압박도 영향 요소 중에 하나이다. 실시간으로 전달되는 정보와 메시지에 대해 사실과 진위 여부를 걸러낼 만큼의 시간적 여유가 없다. 그렇기 때문에 다시 기본으로 돌아가서, 리더라면 어떤 상황과 맥락 속에서 어떤 반응을 하는 것이 옳은가 생각해 볼 때에 다다른 것 같다.

'요즘 시대'라는 말은 이 책을 읽는 동안 잠깐 멈춰주기를 부탁하고 싶다. 인간의 DNA는 변하지 않는다. 학습될지언정 진리와 원칙은 변하지 않았다. 시대 흐름에 맞게 포장되거나 우선순위가 잠깐 바뀌다가 다시 원위치 되고 있는 것이다. 조직에 들어와 일을 한다는 것은 조직의 미션과 비전과 목표를 위해 뛰어야 하고 자신에게 주어진 목표를 달성해야 하는 것이다. 자기의 존재감과 성취 욕구를 만족시키기 위해 열심히 달리다 보면 결과물로 많은 연봉과 풍족함을 얻게 되는 것이다. 리더에게는 이것을 도와주고 지원하고 공정한 평가와 보상을 잘 해내야 하는 사명이 있다. 성과관리를 위한 기본을 다시 한번 돌아보고 제대로 또박또박 실천해나가는 것부터 시작해야 한다. 기본으로 돌아가야 하고, 힘들고 복잡한 시련이 왔다고 인식되었을 때 리더십의 본질이 무엇인지를 한 번 더 상기시키며, 기본에 더 충실한 리더십 행동을 선택해야 한다.

MZ세대와 함께 일하고 같이 성장 발전하고 어려움을 같이 극복하고 목표를 성취하면서 같이 울고 같이 웃을 수 있다. MZ세대가 어디 외계에서 온 사람들이 아니라고 생각한다. 자라온 환경이 조금 다를 뿐이고 대가족제에서 자라온 기성세대와 달리 핵가족시대에 익숙한 세대라는 것이 약간의 차이를 만들었을 뿐이라고 생각한다. 이들에게 올바른 리더로서 십자가를 지는 모습을 보이고, 제대로 된 리더십을 보여주고 실천한다면 다 같이, 함께 목표를 달성하고 상생할 수 있다. 아마 더 잘할 수 있는 세대라고 기대해도 좋다. 부분적으로 무너진 원칙을 다시 세우고 왜 조직에 들어와 일하고 있는지를 분명히 확인시킬 수 있다면 밝은 미래가 우리에게 올 수 있다고 확신한다. 리더들이 더 이상 인기영합주의의 방패 뒤에 숨지 않고 인정받는 어른으로서 입지를 회복하기 위해 조금 힘든 여정을 한 발 한 발 나아가자고 이 책을 쓴 것이다.

끝으로 고마움을 전하고 싶은 분들이 있다. 라온북의 조영석 소장님과 백유미 대표님의 도움과 지원 없이는 감히 책을 쓰려는 시도를 하지 않았을 것이고, 책쓰기를 시작하다가 중단하려고 하는 시험이 왔을 때 극복하지 못했을 것이다. 기다려주고 격려해주고 체크해주는 긴 시간을 내게 허락해준 고마운 분들이다.

가족들에게도 고마움을 표하지 않을 수 없다. 묵묵히 옆에서 책을 준비하는 시간들을 지켜봐 주고, 더 이상 진도가 안 나가서 힘들어 할 때 다시 책상 앞에 앉게 해준 사랑하는 아내에게 감사한다. 그리고 두 아들, 성윤과 지환이에게도 고마움을 표하고 싶다. 부족한 아버지의 잔소리를 항상 조언으로 받아주고 성실하게 각자의 삶을 살아가는 모습을 보여줌으로써 힘들 때마다 에너지를 충전해 준 아들들이다.

김경수

Contents

Chapter.2 MZ세대에게 필요한 진정한 리더는?

Chapter.3 성과를 창출하는 MZ 직원 용병술

Chapter.4 MZ세대 리더의 HR 실전 솔루션!

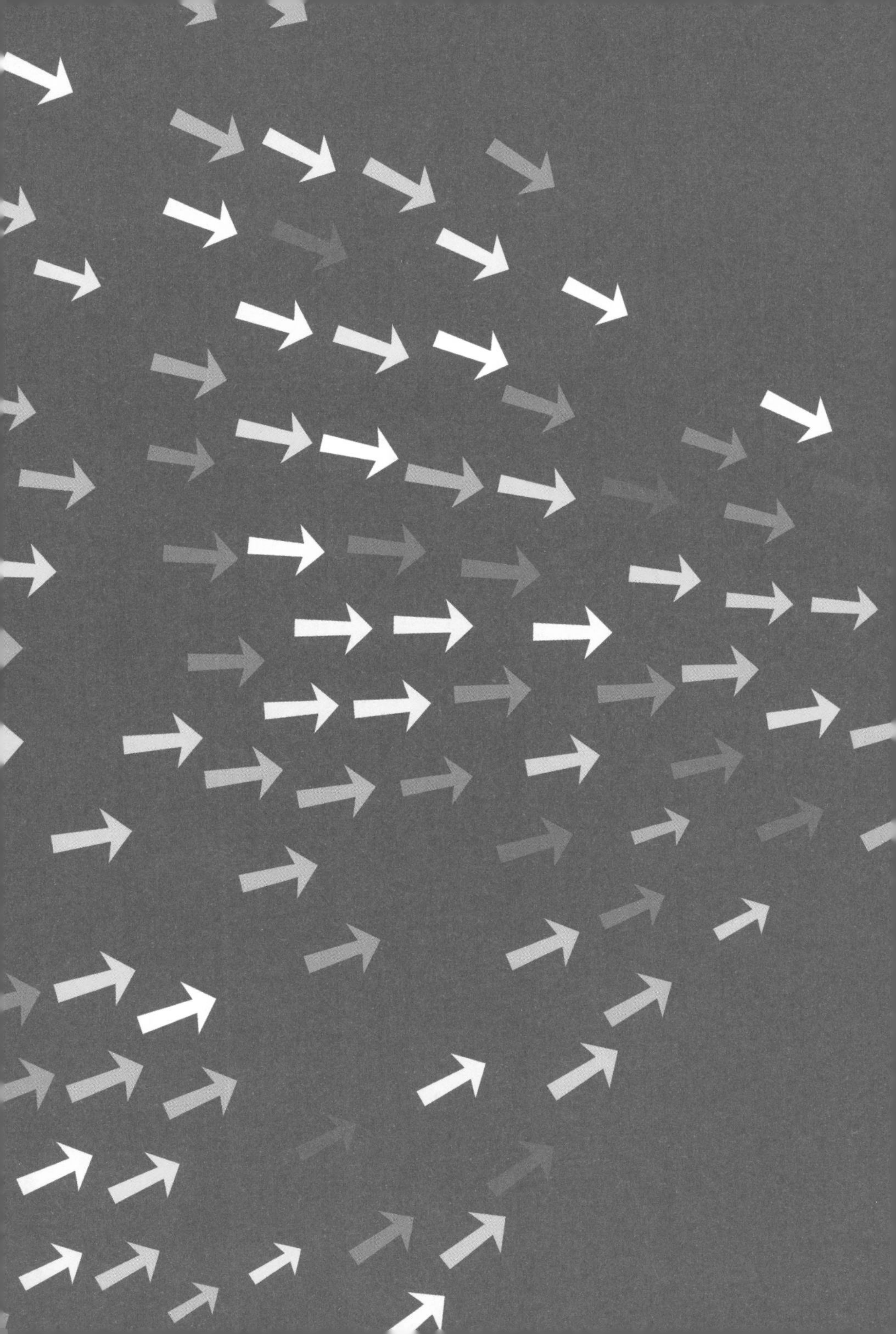

Chapter.1

MZ세대,
그들은
누구인가?

회사는 회사, 개인은 개인?

이것이 의미하는 바가 무엇인가 곰곰이 생각해 보면 회사생활과 개인 생활을 구분하고 싶다는 분명한 의사 표현인 것 같다. 이것과 연관 지을 수 있는 것이 워라밸의 추구일 것이다. MZ세대 직장인들에게 실시한 어느 조사기관의 결과에도 카톡에 단톡방을 만들어 회사 근무 중 소통 수단으로 사용하는 것이 매우 불편하다는 조사결과와도 일맥상통한다고 볼 수 있다. 경험적으로는 이미 듣고 있었던 사실이지만, 제대로 연구·조사한 결과가 있는지 궁금해서 찾아보았다. 《한국언론학보》(2023년 67권 1호)에서 〈정말 MZ세대 직원은 까다로운 개인주의자일까? 미디어에서 묘사된 MZ세대 조직원 특징에 대한 당사자의 주관적 인식연구〉(호규현, 심승범, 조재희)라는 제목으로 기고한 논문을 찾을 수 있었다. 총 43페이지를 할애하고 있었는데, 그중에 MZ세대의 응답자들에게 직접 인터뷰를 한 조사결과가 흥미로웠다. 내용은 미디어에 나타나는 조직원으로서의 MZ세대에 대한 묘사를 어떻게 평가하는지 질문했을 때, 응답자 대부분이 미디어를 통한 묘사에 대해 부정적으로 평가한다고 답했다. 응답자들은 사회 전체 MZ세대 조직원의 모습을 미디어에서 표현되는 일부로 설명할 수 없고, 해당 묘사가 기성세대와의 분리를 부추겨 부정적인 결과로 이어질 수 있음을 지적했다.

한편, 긍정적 또는 부정적으로 평가하지는 않으나 미디어를 통한 MZ세대 조직원의 묘사에 대해 동의한다는 응답들도 일부 살펴볼 수 있다.

> "사실 사람마다 성향이 다른데 일반화하는 경향이 있는 것 같아요. 단편적으로 'MZ세대는 어떻다'라고 단정 짓는 것 같습니다."
>
> "모든 MZ세대가 그런 건 아닌데, 갈라치기를 하는 것 같습니다. 굳이 세대를 그렇게 나눌 필요가 없는데…. 부정적으로 보게 되는 것 같아요."

"정말 MZ세대 직원은 까다로운 개인주의자일까?"라는 질문에는 다음과 같은 답변이 나왔다.

"극단적인 예라고 생각합니다. 제 주변 친구들을 보면 미디어에 노출된 것과 다른 경우도 있는데, 이러한 묘사는 오히려 MZ세대에 대한 불필요한 오해를 낳는다고 생각해요."

"저는 실제 MZ세대와 같이 근무를 해본 결과 '어느 정도 동의하고 있다'와 '동의하지 않는다'로 나뉘었는데, 뭔가 미디어를 통해서 계속 접하다 보니 자연스럽게 부정적인 생각으로 좀 치우쳤던 것 같아요. 그래서 부정적인 면에 있어서 더 동의하게 되고…. 자꾸 부정적인 영상을 보다 보면 알고리즘도 계속 부정적인 것만 뜨게 되니까 그런 관점이 생겼던 것 같아요."

"저는 긍정적, 부정적 측면이 둘 다 있다고 생각합니다. MZ세대가 디지털 환경에 능숙하고, 새로운 기술과 변화에 대해 누구보다 민첩하고 민감한 세대인데 이것은 이들만의 고유한 문화이기 때문에 미디어가 그 집단을 잘 구분하고 있는 것 같아서 긍정적이라고 생각합니다. 반면, 이슈를 끌기 위해서 극단적으로 표현할 때 그런 점에서는 아쉬움이 있는 것 같습니다."

이러한 연구결과를 보면 미디어에서 주장하고 이슈화시키며 묘사하는 사실들이 현실과는 조금 다르다는 것을 알 수 있었다. 일반화의 오류가 심리학에서도 지적하듯이 전체 MZ세대를 특징적인 몇 마디로 대변하거나 묶기에는 문제가 있을 수밖에 없다고 생각한다. 다만 흥미로운 것은, 그래도 위에서 설명하려고 했던 개인주의적 성향은 기성세대와 비교했을 때 MZ세대가 분명히 더 가지고 있는 듯 보인다는 점이다. 물론, 미디어나 방송에서 드러내는 것은 조금 더 극단적이고 자극적인 장면이라 강하게 인식될 수는 있을 것이고, 실제로 그렇게까지는 아닐 수 있겠지만 말이다.

회사에서의 자아와 개인으로서 자아 분리, 문제 해결법은?

좀 다른 관점으로 보면, 조직이라는 맥락에서 MZ세대 직원들이 목표달성을 정확히 하고 성과도 잘 내면서, 회사는 회사이고 자신은 자신이라고 분리해서 생각하는 것이 무슨 문제가 있다는 말인가? 그건 단지 개인의 성품이자 스타일이라고 해석될 수 있다. 회사에서의 자아와 개인으로서 자아가 분리되어 있다는 특성이 일하는 방식에서나 조직문화를 방해하는 요소로서 조직의 성과 달성에, 그리고 더 나아가 조직의 성장과 발전에 장애물로 작용하는 것이 아니라면 굳이 끄집어내어 문제시할 필요는 없을 것 같다

그러나 MZ세대와 선배 및 리더 사이에 조직 내에서 상호이해를 위한 소통은 필요한 것 같다. MZ세대의 이런 성향이 어디서부터 시작되었는지, 일하는 데에 어떻게 영향을 미치고 있는지,

어느 부분이 리더와 선배들이 이해가 잘 안 되는 부분인지, 이해를 위해 노력할 것이 무엇인지 비록 당장은 합의가 안 되어도 상관없다. 그런 과정들 자체에 의미가 있는 것이다.

여기까지 오다 보니 이 주제와 관련하여 내 경험을 가지고 해석해 보고 싶은 생각이 들어서 한번 시도해 보고자 한다. 회사와 개인의 자아가 분리되기 시작한 시점이 있다는 생각이 든다. 경험상 IMF를 기점으로 그 이후부터 그런 성향이 조금씩 나오지 않았나 싶다. 그전까지는 나도 다니던 회사를 이직하겠다는 생각을 해본 적이 없었던 것 같다. 회사가 공식적으로 평생직장을 보장한다고 한 적은 없었지만, 다니고 있는 구성원들이 암묵적으로 평생직장이라고 생각하고 다니지 않았나 생각된다. 같이 일하던 동료나 선배들이 이직하는 경우는 사업을 하려고 독립한다고 할 때나 이민 등의 사유가 발생했을 때였다.

그러다가 IMF를 맞으며 대대적인 구조조정을 경험하게 되었다. 이때 생각이 조금씩 바뀌기 시작했고, 회사가 나를 책임져주지 않는다는 것, 아니, 책임질 수 없다는 것을 현실적으로 깨닫게 되었다. 그렇다면 어떻게 해야 하는가 고민에 들어갔고, 결론은 평생직장이 아니라 평생직업을 갖기 위해 준비하고 지속적으로 노력해야 한다는 것이었다. 이를 위해 당연히 시장에서 내 몸값을 인정받기 위해 전문가로 성장해야 하고, 내 분야에서 '전문가' 소리를 듣기 위해 일하는 것이지 회사를 위해 일한다는 소리는 하지 말자고 다짐했던 시기가 있었다. 이른바 '자기계발'에

눈을 뜬 시기였다. 그래서 야간대학원에 다니고 자격증 과정을 수강했던 것 같다.

그럼에도 다른 점은, 회사와 개인을 분리하지는 않았다. 이유는 회사의 성장 속에서 개인의 성장을 함께할 수 있다면 굳이 분리하는 것이 필요하지도 않았고 절실하지도 않았다. 또 개인의 성장과 회사의 성장을 함께할 수 있는 조직이냐를 판단할 수 있으려면 조직의 리더 자리에 올라가야 더 정확히 알 수 있다고 생각했기 때문이다. 일을 잘한다는 것과 조직에 기여함으로써 자신의 커리어를 성장·발전시킬 수 있는 것은 '스피릿'을 빼놓고 논할 수 없다고 생각하기 때문이다. 결국 주인의식이 제외된 '열심'은 한계가 있다고 본다.

그렇다고 여기서 회사와 개인의 자아를 일치시켜야 한다고 주장하는 것이 아님을 밝힌다. 철저히 분리해야 한다고 동의하는 것은 더더욱 아니다. 리더로서 이런 질문들을 던지면서 MZ세대 직원들을 이해하려고 함과 동시에, 때로는 자아 분리의 정도가 너무 심해지는 것을 신중히 설득하는 논리도 준비할 필요가 있다는 생각이 들었다.

과거에 베이비부머 세대와 X세대의 특성이 핵심적으로 논의되었던 시절이 있었다고 한다. 아마도 그들이 지금의 MZ세대 나이였을 때라고 추측된다. 역으로 MZ세대가 조직의 중심세대가 되는 때가 오게 되면 그때는 MZ세대의 특성이나 다른 점에 대한 논의는 잠잠해질 것이다. 사회가 변화해 가고 시대가 흘러

가면서 중심세대가 함께 변화하고 사람들은 특정 세대를 중심으로 세상을 이해하려는 경향이 있다고 한다. 마찬가지로 MZ세대에 대한 관심과 논의도 시대의 변화의 자연스러운 과정이라고 생각한다.

동료관계가 상사보다 먼저?

MZ세대의 특징 중 하나로 상사보다 동료와의 관계를 더 중시한다고 생각할 수 있다. 수직적 문화나 소통방식보다는 수평적 소통방식을 선호한다고 하니 당연한 결과로 이해된다. 그러나 이와 관련하여 다수의 전문가는 MZ세대에 대한 가장 큰 오해가 '소통하기 싫어한다.'라는 것이라고 주장한다. 무수히 들어왔던 우려는 특히 그들이 수직적인 조직문화에 익숙하지 않기 때문에 직장 내에서 상사와의 소통도 어렵지 않을까 걱정하는 것이다. 하지만 사실 MZ세대는 그 어떤 세대보다 상사와의 소통을 환영하며 수평적인 토론문화를 지향하지만, 최종적인 결정은 리더가 하는 수직적인 구조를 충분히 이해하기 때문에 오히려 더 나은 결과를 도출하기 위해 리더들과 자주 깊이 있게 커뮤니케이션을 하기를 원하고 이를 피하지 않는다는 것이다. 또 성장 욕구도 높아서 리더의 피드백을 궁금해하는 세대이기도 하다는 것이다.

다음의 조사결과를 보게 되면 이런 주장들이 이해가 갈 것이다. 2023년에 잡코리아가 아르바이트 플랫폼 알바몬과 함께 MZ세대 직장인 1,114명을 대상으로 '선호하는 직장 상사 및 기업문화'를 주제로 조사를 시행한 결과, MZ세대 직장인이 꼽은 이상적인 상사 유형 1위는 '피드백이 명확한 상사(42.0%)'인 것으로 나타났다. 반면 너무 원칙적(2.0%)이거나 친목을 도모(3.2%)하는 상사에 대한 선호도는 상대적으로 낮았으며, 수평적(32.9%), 안정적(31.0%)이고 개인에 대한 간섭(22.0%)이 없는 기업문화를 선호하는 것으로 조사됐다. 잡코리아는 먼저 알바몬과의 공동 조사에 참여한 직장인들에게 이상적인 상사를 표현하는 가장 중요한 단어를 꼽게 했다(*복수응답). 그 결과 '△피드백이 명확한 상사'가 응답률 42.0%로 1위에 올랐으며, '△솔선수범하는 상사(25.6%)', '△실무에 능숙한 상사(18.4%)'가 각각 2, 3위를 차지했다. 이어 '△동기를 부여하는(18.0%)', '△공정한(17.4%)', '△공사구분이 철저한(13.4%)', '△유연한(13.2%)', '△다정한(13.1%)' 상사도 MZ세대 직장인이 상사에게 기대하는 주요 덕목으로 나타났다. 반면, '△너무 원칙적(2.0%)'이거나 '△친목을 도모하는(3.2%)', '△혁신적인(3.3%)' 상사에 대해서는 상대적으로 호감도가 낮았다.

이와 맥락을 같이 하는 또 다른 조사결과가 있다. 2022년 3월, 한국능률협회와 블라인드가 실시한 가장 선호하는 리더십 유형 조사에서 직원들이 가장 선호하는 리더십으로 '코치형 리더십(32%)'을 꼽았다. 이는 비판이 아닌, 일을 잘할 수 있게 도와주기 위한 피드백 및 코칭이 계발을 위한 조언이라고 후배 직원들도 인지하고 있다는 것이며, 그 외에는 '공감형 리더십(29%)', '보상형 리더십(23%)', '창의형 리더십(16%)' 순서로 선호도를 보였다고 한다.

위의 두 가지 조사 결과로부터 얻을 수 있는 시사점은, 결국 좋은 관계성을 가져가기 위해 좋은 소리만 해야 하고 좋은 게 좋은 것이라는 식의 소통이 결코 효과적이지 못하다는 것이다. 잔소리가 아닌, 정확히 일의 결과에 대해 피드백해 주고 궁금한 사항을 질문하도록 기회와 분위기를 제공하며, 명확히 질문에 대해 답변해주는 소통의 과정을 리더가 잘 지켜나가야 한다는 것이다.

피드백이 명확한 상사가 되려면 당연히 실무에도 능숙해야 하고 실력도 갖추어야 가능해진다. 조사결과가 1위에서 3위로 나와 있지만, 결국 1위부터 3위까지는 같은 내용이고 서로 밀접히 연결되어 있음을 알 수 있다. 상사와 동료 관계로 출발했지만, 영향 변수들은 소통방식, 리더십, 유대감이 포함된 조직문화 등임을 알 수 있다. 직장 내 관계를 인식하고 바라보는 관점을 이해해야 하는 이유이기도 하다.

Shiftee의 《HR Insight》에 2023년 9월 기고된 〈MZ세대에게 선택받은 기업 인사담당자가 알아야 할 블라인드 지수〉라는 내용이 있어 참고하게 되었다. 여기서 블라인드 지수(BIE: Blind Index of Employee's Happiness)는 블라인드 플랫폼에서 직장인이 회사에서 느끼는 행복도를 측정하기 위해 한국노동연구원과 함께 공동으로 개발한 지표 조사를 말하며, 한국 가입자 전원을 대상으로 매년 실시하고 있고, 한 해 5만 명 이상의 직장인 표본을 수집한다. 연봉이나 복지 등 기업 복지의 객관적인 조건을 평가하는 기존의 직장 만족도 조사와는 달리 '△직무, △직장 관계, △조직문화' 등 직장인 행복도에 영향을 미치는 11개 변수를 바탕으로 평가 항목을 구성해 '직무 만족도', '조직 몰입도', '이직 의도', '스트레스'의 블라인드 지수 4개 요인을 분석해 '직장인의 주관적 행복감을 측정하는 것'이 특징이라고 한다. 특히 항목 중에 '직장 관계'에서는 '상사 관계', '동료 관계', '직장 내 유대'라는 3가지 변수를 측정하고 있다. 2021년 조사결과를 보면, 대부분의 인사 담당자들은 직장인의 행복도가 높은 기업은 연봉을 많이 주고 일하는 시간이 짧은 회사라고 생각하는 경향이 있으나, 매년 발표되는 '블라인드 지수 기업 10'의 워라밸 만족도는 중위권인 것으로 드러났고, 직장인의 행복도에 영향을 미친다고 응답자들이 선정한 3가지 요인이 눈에 띈다.

첫 번째는 업무 만족 및 일치 정도, 두 번째는 상사 및 동료와의 관계 정도이며, 마지막 셋째는 윤리 및 공정성 정도이다. 상사, 동료와의 관계 정도는 상사나 동료가 내 일에 도움이 된다고 느끼는 정도를 말하는 것으로, 리더가 업무상 필요한 지원을 해준다고 느낄수록 상사 및 동료 관계 지수가 높아진다. 직장 내 관계에서 동료보다는 상사와의 관계가 직장 생활 행복에 가장 큰 영향을 미치는 것으로 드러났는데, 상사와의 지원 관계가 긍정적이고 충분한 지원을 받고 있다고 느낄수록 직무 만족도와 조직 몰입감이 높은 것으로 드러났다.

실제 조직 내에서 해석은?

MZ세대의 특성이라고 하는 '상사와의 관계보다 동료와의 관계를 더 중시한다'라는 가설과는 조금 다른 결과가 나온 듯하지만, 깊숙이 내용을 들여다보면 MZ직원들이 일을 진행할 때 동료들보다 상사가 더 많은 영향을 줄 수 있다는 의미로 해석하면 될 것 같다. 그렇다고 상사와의 관계가 좋으면 동료와의 관계는 어찌 되어도 관계가 없다는 것이 아니라고 생각한다. 위에서도 언급된 직장 내 유대라는 변수로 통합해석 할 수 있다. 상사와의 관계와 함께 동료와의 관계도 중요하기 때문이고, 균형 있게 관계 유지가 되어야 직장 내 유대관계가 유지되고 자신이 속한 팀의 팀워크와도 연계될 수 있다.

이직하는 이유를 살펴보면 여러 가지가 존재하지만, 공통적으로는 직장 내 관계성의 문제가 가장 크고, 적응의 문제로까지 확대되는 것도 결국 관계성의 이슈이다. 이와 관련한 유사논문들을 보게 되면 관계성의 변수가 정도의 차이는 있지만, 조직 신뢰와 몰입에 긍정적이든 부정적이든 영향을 미친다는 연구결과를 볼 수 있다. 상사와의 관계는 리더십의 이슈와도 관련이 되지만 동료 간의 관계성은 해당 조직의 규모, 업무의 성격, 조직문화, 인적 구성 등이 실질적으로 영향을 미친다. 중간 허리 역할을 하는 선배가 어떤 사람이냐에 따라 선후배 간의 관계가 끈끈해지기도 하고 모래알처럼 각자 흩어져 살아가기도 하기 때문이다. 상사와의 관계가 좋지 않으면 자기들끼리 뭉치는 경향도 생기게 된다. 폭군 같은 리더와 함께하게 되면 동료들끼리 뭉쳐서 서로 위로하고 지지해주기도 하며 억울한 일들이 생길 때 뒷담화를 하면서 스트레스를 풀다 보면 동료와의 관계가 더 좋아지는 일들이 현실에서는 발생하기도 한다.

한편 MZ세대를 일반화시키는 것을 좀 더 신중하게 해야 하는 일들도 발생한다. 평균값을 벗어나는 MZ 직원 한 명이 생기면 그로 인해 해당 조직은 평균 이상으로 시간과 에너지를 소모해야 하기 때문이다. 특히 리더가 그 직원에게 신경을 빼앗기게 됨으로서 다른 직원들에게 신경을 덜 쓰게 되고 팀워크와 유대감에 부정적인 영향을 받게 되는 결과를 초래한다. MZ세대가 상사보다 동료와의 관계를 더 중하게 여기든, 아니면 상사와의 관계를 더 중시하든 간에 관계성과 소통방식을 가장 효과적으로 실행해 나가는 상호 간의 관심과 노력이 중요한 것이다.

꼬치꼬치 따져 묻고 정확히 짚고 넘어간다

MZ세대의 특징이라고 하면서도 리더들이나 선배들을 당황스럽게 만드는 특성이라고 할 수 있다. 최근에 유행하고 있는 SNL에서 이것을 풍자하는 '3요'라는 말이 있다. MZ 직원에게 업무를 지시하면 "이걸요? 제가요? 왜요?"라고 묻는 반응에서 비롯된 말이라고 한다.

중견기업의 임원으로부터 이와 유사한 얘기를 들은 적이 있다. 그분 표현에 의하면, 업무지시를 했더니 제가 왜 해야 하냐고 묻더라는 것이다. 처음에는 너무 황당하여 말문이 막혔고, 이걸 어떻게 대응해야 하나 한참을 침묵 속에 시간을 보냈다고 한다. 한편으로는 감정을 억누르면서…. 그냥 기본적으로 이미 합의된 룰에 따라 직장생활을 하는 것으로 다 전제하고 하는데 이런 반응이 도대체 이해가 가지 않았다는 것이다. 일을 한다는 것은 업무를 배분받아 주어진 목표를 정해진 납기에 맞춰 처리해내고 의사결정권자에게 보고하여 승인이나 결정을 받으면 종료되는 과정을 완수하는 것인데, 첫 시작부터 기본 룰을 따르지 않겠다는 표현으로 오해받는 것은 기본의 문제라고 생각한다.

ⓔ 그렇다면 해당 직원은 왜 그런 반응을 보였을까?

만약 자신이 당연히 해야 할 업무인데도 저런 질문을 했다면 그건 이해의 문제가 아니라 기본이 안 되어 있다고 판단하고 별도의 엄격한 피드백이 필요하다. 이때에도 리더가 분위기에 휩쓸려 '요즘 다 그렇다는데 내가 속이 터지더라도 참아야지 어찌하겠나?' 하며 뒤돌아서서 한숨이나 쉬고 있으면 그건 리더의 직무유기가 된다. '일일이 따지고 들면 꼰대 소리나 듣지.'라고 하는 것도 제대로 MZ세대와 소통을 잘하고 있는 것은 아니다. 이런 불합리한 타협들이 쌓이면 오히려 MZ세대와 벽만 더 두껍게 쌓이게 된다.

그러나 당사자가 자신이 이 일을 해야 하는 상황에서 이런 질문을 했다면 그건 좀 다른 이유라고 생각해줘야 한다. 바로 "아니라고 생각하는 것은 정확히 짚고 넘어간다."라는 사례에 해당하는 것이다. 질문의 의도는 어찌 보면 일의 당위성과 진행 방향을 명확하게 하고 싶은 것이다. 특히 어떤 일은 자기 팀의 일이 아닌 것 같은데 팀장이 자기를 불러 일을 지시하는 경우 분명히 사유가 있을 테니 그 이유를 물어보고 일을 진행하는 것이 정확하게 일의 목표에 맞춰 납기 안에 결과물을 내놓을 수 있을 것이다. 반대로 이런 질문 없이 "네, 알겠습니다." 하고는 일의 최종 아웃풋 이미지를 생각하지 않고 그냥 자기가 생각하는 최소한의 기준을 가지고 일을 끝마치고 결과 보고를 해 버리는 MZ세대 직원보다는 더 낫지 않은가 싶다. 일을 안 하려고 하거나 회피하기 위한 수단으로 '3요' 질문을 사용했거나, '아니라고 생각하는 것은 정확히 짚고 넘어간다'라는 명목 아래 질문을 했다면 문제가 있지만, 스스로 이 일을 해야 하는 이유를 이해하고 일을 더 잘하기 위해서 리더의 기대목표나 아웃풋 이미지를 생각하면서 집중하기 위한 질문이라면 바람직하다고 생각한다.

한경비즈니스의 김민경 수석연구원은 〈꼬치꼬치 따져 묻는 MZ세대 직원과 소통하는 법〉(2022.7.12)이라는 글에서 맞춤형 사교육을 받고 자란 이들은 족집게 같은 설명과 가르침을 필수로 여기고, 이런 특징 때문에 대한상공회의소는 이들을 '내비게이션 세대'라고 규정하기도 했다. 일의 맥락과 육하원칙에 입각한 자세한 지침을 주지 않으면 이들은 동일한 질문을 할 가능성이 크다고 한다.

아니라고 생각하는 것을 짚고 넘어가는 이유?

위의 한경비즈니스 칼럼에서는 "이 일을 왜 해야 하나요"라고 묻는 경우에 황당하기보다는 이들이 왜 되묻는지 생각해야 한다고 강조한다. 이 때는 두 가지 해석이 가능하다고 한다.

첫 번째, 일의 목적과 배경이 정말로 궁금한 것이다.

두 번째, 맥락을 어렴풋이 이해하기는 했지만, 본인이 실행에 옮기기에는 여전히 납득되지 않은 상태이다.

이때 전자든 후자든 리더는 업무를 지시할 때 목적을 분명하게 제시하고 당위성에 대한 공감을 이끌어 내야 한다. 리더라면 다 잘 아는 내용이다. 하지만 현실적으로 잘 지켜지지 않을 때가 있다. 납기에 쫓겨 정신없이 돌아갈 때, 간혹 리더 본인도 부당하다고 생각하는데 상사가 지시하여 자기 팀의 업무도 아닌데 어쩔 수 없이 해야 하는 상황이 닥칠 때가 그렇다. 이렇다 보니 MZ세대 직원에게 일을 지시할 때 충분히 설명할 여유도 없고, 정당한 사유로 설득하기도 어렵게 되는 것이다. 이런 때에 "왜 제가 해야 합니까 저를 납득시켜 주십시오"라는 표정으로 들이대고 있는 MZ직원에게 매뉴얼에 따라 배운 대로 대응하기가 힘들 것이다. 아마도 현실 속에서 벌어지는 상호작용이 이럴 것으로 추측된다.

이때는 리더도 솔직해져야 한다. 당위성은 없으나 조직 전체의 운영원칙에 따라 타 팀의 지원도 필요할 때는 할 수밖에 없으니 우리가 해야 한다고 정확히 알려줘야 한다.

지금 이야기들은 교과서에 나오는 상황일 수도 있다. 하지만 이런 사례를 배제할 수는 없다고 생각한다. MZ세대를 이해하기 위해 왜 그런 행동을 하는지 그들의 처지에서 생각하고, 그들이 어떤 관점과 생각에서 그들이 왜 기성세대와 다르게 행동하는지를 이해하려는 접근법이다. 당연히 이 접근법이 바람직하다고 생각한다. 리더도 이렇게 노력해야 한다.

그러나 이해를 위해 노력하는 시도가 너무 미화되어서는 곤란하다. 이 또한 리더십의 본질을 훼손할 수 있기 때문이다. MZ세대가 아니었어도 그 이전에 리더들은 업무지시를 내릴 때 5W1H를 강조했고 특히 왜 이 일이 중요한지, 왜 할 수밖에 없는지를 집중적으로 설명하는 훈련도 하였고, 부하들과 합의하도록 교육도 지속적으로 받았다. 문제는 조직에서의 업무 배분과 일에 대해 지시할 때 칼로 무 자르듯이 정확하게 구분하기가 힘든 경우도 발생한다는 것이다. 업무의 성격과 난이도에 따라 달라지기도 하고, 그것이 단순 기획보고서인지, 실제로 실행을 해서 정량적인 수치가 나와야 하는 것인지, 직접적인 고객 상대의 업무인지, 고객상담을 지원하는 업무인지, 혹은 인프라를 갖추기 위해 3개년 계획서를 작성하는 장기간의 업무인지 등에 따라 투입시간과 인력, 거쳐야 할 절차 등이 다를 수 있다. 하필이면 다른 업무에 투입된 MZ직원이 해야 할 담당업무가 추가적으로 발생하기도 하는데, 만일 그 직원이 아니고 상대적으로 여유가 있는 다른 직원에게 일을 시키면 효율성 측면에서 시간이 배가 들게 되고 결과물도 장담할 수 없는 것이 예상되는 상황이라고 가정해 보자. 이때 리더의 고민이 깊어진다. 바쁜 직원에게 추가적인 업무를 부탁하게 될 때 과연 그 직원이 동의할 것인가. MZ세대의 특성이 '아니라고 생각하는 것은 반드시 짚고 넘어간다'는 것이라는데, 지시를 받은 MZ직원이 이런 특성을 잠깐 거두고 '얼마나 긴급하고 대안이 없으면 뻔히 바쁘게 일하고 있는 자신에게까지 일을 부탁할까, 리더인 팀장님도 갑갑하니까 여기까지 왔겠지, 그래 눈 질끈 감고 이번만 내가 팀을 위해 희생해 주지'라고 생각하고 반응해준다면 상호 신뢰 속에 팀워크가 완성될 것이다.

하지만 이런 경우는 아마도 드물 것이다. 정확히 말하면, 이 정도가 되려면 평소 리더와 부하 간에 이미 깊은 신뢰가 축적되어 눈빛만 보아도 알 수 있다는 소리가 나올 정도여야 한다. 보통의 경우는 '왜 굳이 내가 해야 하지', '다른 사람은 뭐 하는데', '내 일도 많은데' 등 업무 형평성에 대한 불만을 내비칠 것이다.

그러면 현실에서는 '어떻게 MZ세대 직원을 대하고 풀어나갈 것인가', '아니라고 생각하는 것에 관해 최선을 다해 상황 설명과 부탁을 했음에도 여전히 아니라고 말하고 있는 직원에게 어찌해야 하는가'를 묻고 싶다. 이때 정답은 아니지만, 리더가 내놓을 수 있는 차선책으로는 "다음번에 비슷한 일이 생기면 다른 직원이 그 일을 대신하도록 해주겠다."라는 약속을 하는 것이다. 거래를 한다고 부정적인 평가를 내릴 수도 있지만, 현실에서 문제 해결을 당장 해야 하는 리더로서는 선택할 수밖에 없다고 생각한다. 또는 업적평가 시 '팀 기여도' 항목이 보통 있는 것으로 알고 있는데, 여기에 가점을 부여하는 방법 등이 있다.

이처럼 조직을 관리하고 운영해야 하는 리더는 '아니라고 생각하는 것은 정확히 짚고 넘어가는' MZ세대의 특성을 이해해야 한다. MZ세대가 일하는 데 있어 스스로 납득할 이유가 충족되어야 동기부여가 되고 더 열심히 업무에 집중하게 되는 심리가 그들의 밑바탕에 존재함을 알고 있어야 한다.

회사 상황에 대해 투명한 정보를 알고 싶은 그들

MZ세대는 상대적으로 회사정보 공개와 투명성을 원한다고 한다. '상대적'이라고 표현한 것은 다른 세대는 이런 요구가 없다는 게 아니라 좀 더 두드러진 그들의 성향을 강조하려는 차원에서이다. 다른 세대는 그런 욕구가 있어도 회사의 규율과 그로 인해 회사가 힘들어질 수도 있다는 생각이 들면 자제하고 참고 넘어간 것이다.

회사의 정확한 상황을 알고 싶어 하는 것이 잘못된 욕구는 아니다. 오히려 회사 상황을 정확히 알고 이해하면 업무에 도움이 되고 앞뒤 상황과 맥락을 이해하고 일을 한다는 것은 더 효과적이고 합리적인 의사 결정에 도움이 될 것이다. 그러나 회사의 정보나 상황을 어디까지 공개하고 공유하며 소통할 것인가의 이슈는 회사에 해가 되거나 보안까지 해쳐서는 안 되는 차원의 문제이다. 경쟁사가 자사의 정보를 수집하려 하기 때문에 지켜야 할 정보보안의 기준은 지켜야 한다.

그럼에도 MZ세대가 회사의 상황을 정확히 알고자 하는 이유에 대해 분명한 이해를 하는 것은 그들과 상생하는 데에 확실히 도움이 된다. 이를 통해 소통과 공유가 합리적이고 효과적으로 이루어지고 일하는 방식이 좋은 쪽으로 변화되며, 회사의 성과 향상에 도움이 될 수 있기 때문이다.

회사의 상황을 정확히 알고자 하고 투명한 소통을 원하는 MZ세대의 특성과 관련하여 정신과 전문의로서 바라본 아티클이 《동아비즈니스리뷰》에 실려서 참고를 해 보았다. 2021년 6월에 〈불확실한 미래보상보다 현재가 중요, MZ세대는 투명한 소통을 원한다〉라는 제목으로 이경민 대표가 기고한 글이다. 주제는 성과급 이슈로 설명하고 있지만, 결국 정보공개와 투명한 소통을 원하는 MZ세대를 설명하고 있는 아티클이다. 최근 들어 성과급과 관련하여 이의제기한 젊은 사원의 사례를 언급하며 전문가로서 이해와 해석을 해나가는 내용이다.

2019년, 조직문화를 진단하는 한 프로젝트에서 인터뷰 중 30대 직원 한 명이 "많이 받는 사람이 많이 일하는 것이 당연한 것 아닌가요? 우리 회사는 전혀 그렇지 않아요."라며 보상과 관련해 답답함을 호소했다고 한다. 이 회사뿐 아니라 겉으로는 평온해 보이는 조직도 깊이 들어가 보면 보상에 대한 젊은 세대의 불만이 상당했다. 대부분의 기업은 이 문제를 심각하게 받아들이지 않았다.

그로부터 2년이 지난 시점에, 대기업의 한 직원이 전 사원에게 보낸 e메일로부터 시작된 성과급 논란은 재계 전반을 뒤흔드는 이슈로 자라났다. 그 선두에는 "MZ세대가 있다"라고 서론을 풀어나가고 있다. 세대가 달라지면서 성과급으로 포장되어 있지만 투명한 정보를 원하는 중심을 놓치면 안 된다고 강조하고 있다. 이경민 대표는 다음과 같은 진단을 이어가고 있다.

> 알 수 없는 기준으로 평가받고 부당하게 보상받고 싶어 하는 사람은 전 세대를 통틀어도 찾아보기 어렵다. 그럼에도 성과급 이슈가 MZ세대를 중심으로 크게 조명되고 있는 것은 MZ세대의 특성과 조직문화적인 환경 변화가 맞물렸기 때문이다. '단군 이래 부모보다 잘살지 못하는 첫 세대인' MZ세대는 '언젠가는 조직이 나에게 잘해주겠지' 하는 먼 훗날의 막연한 기대로 현재를 희생하고 싶어 하지 않는다. 현재에 분명한 평가와 보상을 받기 원한다. 어릴 적부터 끊임없는 경쟁 속에서 자라난 MZ세대에게 공정은 생존과 직결된 게임의 원칙이다. 자신이 제공한 노동만큼 성과급이 지급됐는지 검토하는 건 당연하다. 블라인드, 잡플래닛 등 회사의 정보를 나누고 의견을 하나로 수렴하는 비대면 플랫폼 등장도 성과급 문제를

집단적 반발로 키웠다라고 해석하고 있다.

《동아일보》 오피니언 DBR, 〈바로 지금 정당한 보상을 원하는 MZ세대〉
https://www.donga.com/news/article/all/20210614/107413739/1

여기에서 현재의 대우와 대가를 받는 것에 예민한 이유를 MZ세대가 부모 세대보다 잘살지 못하는 세대이기 때문이라고 설명하고 있는데, 이 부분은 100% 동의되지 않는다. 지금 MZ세대의 삶의 질이 부모세대가 자라오면서 겪은 삶의 질보다 못하다고 판정하는 것은 조금 더 구체적으로 들여다보아야 할 필요가 있다고 생각된다. 쉽게 비교해도 부모 세대의 대학 시절과 MZ세대가 겪은 대학 생활은 바로 비교가 가능할 것이기 때문이다. 오히려 이런 원인보다는 정보 공유의 장이 기성세대보다 다양하고 쉽게 이용할 수 있는 인프라가 구축되어 있기 때문에 실시간 소통을 통해 바로바로 알 수 있게 되었고, 그런 환경이 MZ세대의 지금의 요구를 강화시킨 것으로 판단한다.

한편 기사에서는 언급한 대로 MZ세대가 조직에 원하는 보다 분명한 설명, 투명한 절차, 정당한 보상의 요구에 대해 조직은 어떻게 답해야 할지에 대한 설명을 이어나가고 있다.

MZ세대가 회사의 정확한 상황을 다른 세대들보다 더 알고 싶어 하는 것은 업무처리의 질과 수준을 더 높이는 데 도움이 된다고 생각한다. 그러나 세상사가 빛이 있으면 그림자가 생기듯이 어디까지 공개하고 공유하고 소통할 것인지를 전략적으로 결정하고, 리더들은 어떻게 소통하고 관리할 것인지 회사 차원에 컨센서스는 확립되어야 한다. 임원 시절 나의 경험상으로도 업무를 지시하거나 프로젝트를 시작할 때 꼼꼼히 설명을 듣고 일이나 프로젝트의 추진 배경이나 이유 그리고 목표 등을 재차 물어보고, 현재의 경영상황에 이 일이 어떤 위치를 차지하고 있는지를 재확인하던 담당자들이 그냥 지나가던 담당자들과 비교했을 때 더 나은 결과를 가져왔다. 한발 더 나아가 일과 프로젝트에 직간접적으로 관련된 부서들의 분위기나 입장들을 모니터링하여 내게 알려주는 담당자들도 있었다. 그리고 이들 모두 상위레벨의 평가를 받는 담당자들이었다.

어디까지 투명하게 알리고 소통해야 하는가?

성과급에 대한 기준과 관련한 소통은 투명하게 이뤄져야 한다. 그러나 개인의 프라이버시처럼 누가 얼마를 받았는지 같은 것은 철저히 비공개로 보안 유지가 되어야 한다. 또한 기업 입장에서는 성과급 규모나 산정 방식을 공개하기 어려운 여러 이유가 있을 수도 있는데, 투명성이라는 원칙만을 주장하고 적용하려 하는 것은 신중할 필요가 있다. 기업의 정보보안과 사내 정보공유와 소통 간에 전략적인 균형을 잡는 것도 중요하다. 그래서 경영이 어려운 것이다.

리더가 리더십을 발휘하는 것도 쉬운 일은 아니다. 선한 의도

만이 전부가 아니고 여러 요소를 고려하여 조직 구성원에게 할 수 있는 말과 하지 말아야 할 말을 구별하여 소통할 줄 알아야 한다. 우연히 관련자에게 실리콘밸리에서 경쟁사 정보를 수집하는 장소가 어디인지 듣고 나서 남의 일 같지가 않았다. 실리콘밸리 부근에 유명기업의 연구자나 개발자들이 자주 가는 유명한 술집에 가면 그들이 술 먹고 떠드는 이야기 속에 가끔씩 중요 정보가 담겨 있다는 것이다. 분명 철저히 보안교육을 받고 서약서까지 작성했을 것인데도 현실은 그대로 지켜지지 않는다.

마찬가지로 MZ세대의 특성을 이해하는 노력은 기본적으로 해야 하지만, 회사의 정보와 상황을 외부에 공개하는 것은 철저히 교육시키고 관리해야 한다. MZ세대도 조직의 일원이고 회사를 떠날 때까지는 회사의 룰을 준수해야 하며, 자신의 행동으로 인해 회사에 누를 끼치면 안 되기 때문이다. 여기서도 리더는 원칙과 적용을 위한 디테일을 동시에 구성원들에게 학습하고 훈련시켜야 한다. 투명경영이 필요하고 MZ세대가 더 많은 정보 공유를 원한다고 주저리주저리 공개하고, 공유한 정보가 타 부서에게 까지 전달되고 하는 것은 단호하게 주의를 주고, 정보 공유나 소통 시 어디까지 공개와 공유가 가능한 건인지를 분명히 정해줘야 한다. 투명한 소통과 공유를 위해 공식적으로 정보 공유시간을 주간회의나 월간 회의 때 갖도록 하는 것도 효과적인 방법 중 하나이다.

먼저 리더가 경영회의에 참석해서 얻은 각 사 또는 사업부의 경영상황이나 이슈들을 설명하고 공유한다. 그 후에 회의 참가자들이 업무상 얻은 정보나 이슈들을 돌아가면서 설명하도록 하고, 그 과정에서 자기 팀이나 조직에 영향을 미칠 수 있는 사안의 경우 좀 더 구체적인 조사를 하게 하고 재공유를 하도록 프로세스를 정례화하는 것이다.

MZ세대의 특성을 이해하고 그에 맞는 리더십을 모색하는 노력은 지속해야 하지만, 기본으로 돌아가 리더 스스로에게 질문해야 한다. 왜 투명경영과 소통을 해야 하는지? 좀 더 자세한 정보를 공유해야 하는 목적은 무엇인지? 질문에 대한 답은 아주 기본적이고 본질적이다. 조직이 성과를 잘 내고 그 과정에서 MZ세대를 포함한 전 조직구성원이 만족하고 일에 집중함으로서 조직과 함께 성장, 발전을 도모한다는 답을 얻는 것이다.

‘회의감’을 주는 회의를 거부한다

MZ세대의 특성으로 언급되는 것 중 하나가 지루한 회의, 상호작용 없이 일방적으로 듣고만 있어야 하는 회의 등을 싫어하고 피하려고 한다는 성향이다. 회의에 참석하고 있지만 영혼 없이 참석하는 척만 하고 있다고 표현하고 있다. 그리고 비대면 회의나 단톡, 밴드 등을 이용하는 회의를 선호한다는 것이다. 이런 이슈는 기성세대도 마찬가지였다고 생각한다. 단지 기성세대는 MZ세대와 비교했을 때 인내하고 참아내려는 노력을 더 했다는 차이일 것이다.

리더십 교육을 할 때 강연 테마 중 한 가지가 회의 진행법과 퍼실리테이션 스킬 교육이었다. 이때 리더가 회의를 주재하는 사람으로서 논의를 활발하게 하고 결론이 있는 회의로 마무리하기 위해서는 참석자를 촉진하고 공감해주는 퍼실리테이터가 되어야 한다는 점을 강조했다.

회의 문화를 바꾸기 위해서는 회의 방식을 바꾸고 일하는 방식에 변화를 주는 것, 나아가 조직문화와 리더십의 영역까지를 손 봐야 효과가 가시화된다. 여러 기업들이 회의 문화를 새롭게 바꾸려 노력해 오고 있다. 서서 하는 회의와 모래시계를 갖다 놓고 하여 시간을 지키도록 강제화하는 시도도 하곤 한다.

왜 그런 행동을 할까?

현실을 개관적으로 조사한 글이 있어서 인용해 보고자 한다. 최근 회의방식이나 회의문화와 관련하여 직장인을 대상으로 조사한 기사인데, 조선경제 《Weekly Biz》에 성유진 기자가 기고한 글(2023. 2. 24)이다. 직장인 614명에게 회의문화와 관련하여 설문조사를 하고 그 결과를 가지고 "회의 왜 하는지…" 직장인들 불만 이유 1위는 이라는 제목으로 내용을 전개하였다.

WEEKLY BIZ가 직장인 대표 플랫폼 리멤버와 함께 직장인 총 614명에게 '직장 내 회의 문화'에 대해 물었다. 설문은 타깃 조사가 가능한 리멤버 리서치 서비스를 통해 사원·대리급, 과장·차장급, 부장·임원급 등 직급별로 200여 명씩 나눠 진행했다. 설문 결과 응답자의 69%가 불만족스러운 회의를 경험한 적이 있다고 답했다. 회의 문화에 불만이 가장 많은 직급은 과장·

차장급이었다고 한다. 이 직급 응답자의 75%가 불만족스러운 회의를 경험한 적이 있다고 답해 사원·대리급(60%), 부장·임원급(72%)보다 많았다. 대기업 차장급 직원 홍모 씨는 "중간에 끼인 연차라 회의에서 의견을 내야 한다는 압박이 강하고, 회의에서 나온 내용을 바탕으로 실무도 주도해야 하다 보니 이에 대한 스트레스가 더 큰 것 같다"고 말했다.

타당한 이유라고 생각한다. 과·차장급도 MZ세대에 해당되기에 MZ세대의 의견 중 일부라고 받아들일 수 있다. 더 중요한 것은 불만의 이유를 알아보는 것인데, 다음과 같은 결과가 도출되었다.

회의가 불만족스러운 이유는 무엇일까? 불만 사항을 물었더니 "결론 없이 흐지부지 끝나서"라는 답변(27%)이 가장 많았다. 기껏 참석자를 모아 회의를 해놓고 별다른 성과 없이 끝나는 회의에 회의감이 든다는 것이다. 마케팅 회사 8년 차 직원 이모 씨는 "이건 이래서 안 되고 저건 저래서 안 된다며 결국 결론도 못 정하고 끝나는 회의가 많아 시간 낭비라고 느껴진다"고 했다. 공기업 11년 차 직원 최모 씨는 "회의를 아무리 해도 결국 윗선 의견대로 결정되는 경우가 많아 '보여주기식 회의'라는 생각이 든다"고 말했다고 한다.

영국 레딩대 헨리 비즈니스 스쿨의 벤저민 레이커 교수는 직장에서 하는 회의의 70%는 오히려 생산성을 방해하고 경험 적은 리더들이 회의를 29%나 더 많이 만든다고 밝혔다.* 성과가 부진한 회사나 조직의 특성이 회의만 많다는 것이고, 망하려고 하면 회의가 많아지기 시작한다는 자조적인 농담마저 존재한다. 이 얘기를 곰곰이 살펴보면, 회의에서 결론을 내리고 바로 실행에 들어가야 하는데 결론은 내지 않고 서로 눈치만 보면서 누가 총대를 메야 하나 머리만 굴리는 상황의 풍자이다.

회의 목적은 사전에 분명히 해야 한다. 단순 정보 공유 회의인지 아니면 문제 해결 회의 인지, 최종 의사 결정 회의인지 분명히 하고 시작해야 이런 풍자와 실망이 제거될 수 있다. 또 놓치기 쉬운 것이 참가자의 범위이다. 소통과 공유는 많이 알리면 좋은 것이 아니라 정확히 필요한 인원들과 되어야 한다. 예를 들어, 40명씩 참가하는 회의는 단순 정보 공유 회의로는 가능하지만, 의사 결정 회의로는 적절치 않다. 회의 소집의 권한과 책임을 지니는 리더나 그 밑에서 회의를 운영하는 스태프는 분명한 개념을 정립해야 한다.

이어서 '상급자 위주의 수직적인 회의라서(24%)', '인원 구성이나 진행이 비효율적이라서(17%)', '회의 목적이 불분명해서(17%)', '단순 정보 공유용 회의라서(14%)' 등의 순으로 답변이 많았고, 수직적인 회의에 대한 불만 비율은 부장·임원 직급에서도 평균과 비슷했다고 한다.

---

* 〈성장과 성과를 함께 이끄는 동기의 비밀〉, 《한경비즈니스》, 2023년 12월호

한 건설사 임원은 "세부 내용을 잘 아는 실무진 의견을 듣고 싶은데 이를 숙제 검사처럼 여기는 직원이 많다"라며, "자유로운 의견 교환이 잘 안 되니 결국 내가 발언을 많이 하게 되고, 이럴 거면 회의를 왜 하나 싶을 때가 있다."라고 말했다.

여기서 부장과 임원들의 반응이 의외였다거나 좀 생소하다고 여겨 버리고 불만의 주체는 리더를 제외한 부하들이라고 생각하면서 이 문제에 접근한다면 회의 문화의 근본적인 개선에 성공할 수 없게 된다. 회의 참석자가 회의 목적을 분명히 이해하지 못했거나, 논의할 주제에 대해 잘 모르거나 사전에 관련 자료를 읽어보고 오지 않았다면 당연히 회의에서 자신의 의견을 제대로 낼 수가 없는 것이다. 처음부터 회의주최자가 강압적으로 자신의 의견만 주장하고 참여한 관련자들의 의견을 무시하고 듣지 않을 확률은 상상하는 것보다 훨씬 적다. 준비되지 않은 참가자가 의견을 내지 않고 고개 숙인 채 적을 준비만 한 채 시간이 흐르면 리더들은 답답함이 쌓이고 인내하지 못하는 실수를 해버린다. 회의가 제대로 기능을 다하기 위해서는 리더만 정신 차리면 되는 게 아니다. 회의 참가자들도 사전 준비를 위해 무엇을 보고 읽고 준비해야 하는지 자신이 해야 할 역할을 분명히 인식해야 한다. 어떻게 상대의 주장이나 의견을 듣고 이해해야 하는지, 내 주장을 전달할 때는 어떻게 논리적으로 설득화법을 구사해야 하는지, 회의에 참석한 참가자들이 자신에게 질문했을 때 어떻게 구체적으로 답변해야 하는지를 훈련해야 한다.

그럼에도 회의에 대한 우선적인 책임은 리더가 져야 한다. 수평적인 토론 문화를 만드는 데 앞장서야 하고 훈련과 교육이 필요한 영역은 기회를 제공해 주어야 한다.

마지막으로 회의시간에 대한 조사결과가 있다. 실제 회의 시간과 바라는 회의 시간 사이의 간격도 컸다. 응답자의 61%가 이상적인 회의 시간으로 '30분 이내'를 꼽았지만, 실제 30분 이내 회의를 하는 경우는 28%에 불과했다. 절반 이상이 평균 30분~1시간 회의를 한다고 답했고, 1시간을 넘는다는 답변도 19%나 됐다.

중견 교육업체 과장급 직원 이모 씨는 "쓸데없는 사담 때문에 회의가 산으로 가거나, 다들 책임지기 싫어 말을 돌리면서 한없이 늘어지는 경우가 많다"고 말했다. 회의시간의 컨트롤은 타임키퍼라는 역할을 돌아가면서 하도록 해보면 효과적이다. 그러나 회의시간보다 얼마나 시간 낭비 없이 주어진 시간에 집중하는가가 더 중요하다.

ⓔ MZ 세대 직원의 영혼을 회의에 불러들이는 원포인트 레슨!

조직생활을 하면서 이런 현상은 충분히 이해가 되지만, 회의가 필요없다고 생각하는 사람은 아마도 없을 것이다. 조직에서 혼자 단독으로 일하고 결정하고 할 수는 없기 때문이다. 따라서 어떻게 해야 주어진 목적을 달성하고 참가자들도 만족할 수 있는 회의를 운영할 수 있을지 고민해야 한다.

조직문화도 함께 변화되어야 한다고 앞서 주장했지만, 그건 그것대로 거시적 변화 노력을 해나가야 하고, 당장 팀 단위의 회의방식에 변화를 주기 위해서 바로 적용 가능한 방법이 한 가지 있다. 특히 MZ세대 직원들에게 적용하면 될 것 같다.

돌아가면서 회의를 준비하고 진행하게 역할을 부여하라. 회의 주최자인 리더가 사전에 차례가 된 회의 진행자를 불러 회의의 목적과 주요 아젠다를 주고 필요한 자료들을 알려주되 소요시간 등은 진행자가 정해서 주도적으로 회의를 진행해 보도록 하는 것이다. OST(Open Space Technology) 방식을 참고하여 팀의 상황에 맞게 응용해 보면 효과가 있을 것이다. 리더와 진행자가 회의주제를 정하고 나서 주제를 다시 3~5개의 소주제로 나누고, 진행자는 다시 소주제에 대해 토의 목적과 얻고자 하는 기대 결과물 등을 간략하게 정리하여 공지한다. 그리고 팀의 규모에 따라 하나의 주제별로 팀원들이 3~5명 이내에서 자신들이 관심 있고 기여할 수 있다고 판단되는 주제를 스스로 선택하게 한다. 예를 들어, '우리 팀의 올해 팀 목표를 초과 달성하기 위한 방안 모색'으로 정했다면 소주제로는 매출 증대 측면에서 해결방안, 비용 절감 등 재무관리 관점에서의 해결방안, 일 처리방식의 프로세스혁신 방안 등으로 세부 주제를 분류한다. 주제별로 모인 팀원들은 주어진 시간 내에 회의를 진행하고 토의결과를 발표하도록 한다. 주제를 미리 공지하고 필요한 자료나 정보를 준비해 오도록 하거나, 주최하는 진행자가 주제별 필요 자료 리스트 등을 사전 공유하여도 좋다. 발표하고 공유할 때도 전체가 앉아 있는 회의장에 발표자가 차례대로 나와서 발표하는 방식이 아니라 주제별로 발표하되 각 주제별 사이트를 방문하여 발표를 듣고 질의응답한 후 다음 사이트로 이동하는 방식을 통해 선 채로 조별로 이동하도록 한다. 회의장에서 발표하고 질의응답하는 것보다 훨씬 자유롭고 활발하게 토의하는 경험을 하게 될 것이다. 수동적으로 관행적으로 회의에 참석하는 것을 방지하면서도 자율과 주도성을 동시에 부여하는 방법이 된다. 또한 자신이 정하고 선택한 주제이므로 사전 준비를 하게 되고, 자신의 견해와 관점을 충분히 펼칠 수 있는 환경을 조성해 주는 것이다.

그러나 방법을 바꿨다고 영혼 없는 회의문화를 단번에 해결할 수는 없다. 리더는 익숙해질 때까지 인내의 시간을 갖고, 회의를 진행한 팀원들에게 잘한 점과 아쉬운 점들을 회의 종료 후 구체적으로 피드백해 주어야 한다. 그것이 훈련이 된다. 또한 기회를 지속적으로 준다면 팀 내 소통이라는 목적까지 달성할 수 있지 않을까 생각해 본다.

온리원(only one), 자신의 행복에 집중한다

어느 세대라고 자신의 삶에 대한 강한 열망이 없을까? 하지만 유독 MZ세대는 상대적으로 자신의 삶과 행복에 더 강한 열망이 있다고 생각한다. 그러기에 기성세대와 현 사회에 불만이 더 있는 것 아닌가 하는 추측을 해보게 된다.

그들은 앞세대와 얼마나 다른가? 이를 알아보기 위해 앞세대(베이비부머 세대, X세대)와 MZ세대의 행복에 미치는 영향 요인들이 어떻게 다른지 연구한 논문이 있어 잠시 살펴보도록 하겠다.*

연구 결과, 미래세대와 기성세대의 세대별 행복도 차이를 검

* 박민진, 민보경, 이민주, 〈미래세대의 행복과 영향요인 연구 : MZ세대를 중심으로〉, 《도시행정학보》 제4집(2021.12)

증해 보면, Z세대, M세대, X세대, 베이비붐 세대 중 M세대와 Z세대 간의 행복도를 제외한 나머지 세대 간의 행복도 차이가 유의미하게 나타났다. 세대별 현재 행복도는 Z세대의 행복도가 가장 높았고, 다음으로 M세대, X세대, 베이비붐세대 순으로 나타나 연령대가 높은 세대일수록 행복도가 낮아짐을 확인하였다. 또한 세대별 행복도는 성별, 혼인상태, 직업, 가구 형태별, 학력별로 차이를 보이는 것으로 나타났다.

한편, 삼정KPMG(2019)은 베이비붐세대를 1955~1963년생, X세대 1970~1980년생, M세대는 베이비부머의 자녀세대인 1981~1996년생, 마지막으로 Z세대는 X세대의 자녀세대로 1997년 이후 출생자로 정의하였다. 분석결과를 설명할 때는 다시 M과 Z세대의 결과를 합쳐서 해석하였는데, MZ세대의 주관적 행복 요인에서는 앞서 본 두 개의 모형(베이비부머 세대와 X세대)과는 조금 다른 결과를 확인할 수 있었다. 전체 세대 및 기성세대 모형과는 달리 다른 모형에서 유의미하지 않았던 '사회 공정성(+)' 변수가 유의미한 것으로 나타났는데 이는 눈여겨 볼만하다. '사회 공정성(+)' 변수는 우리 사회에서 잘못된 행위에 대한 법적 처벌이 엄격하게 이루어지고 있는지에 대한 인식 정도로 측정되었는데, 이 값이 클수록, 즉, 잘못된 행위에 대한 법적 처벌이 엄격하게 이루어지고 있다고 응답할수록 행복감에 긍정적인 영향력을 보였다.

사회 공정성은 이전의 다른 세대들에 비해 청년세대들이 매우 중요시하는 가치이자, 사회적으로 화두가 되는 가치이기도 하다. 이 논문에서는 이런 결과를 다음과 같이 해석하고 있다. 즉, 경제적 호황기를 경험하며 내 노력과 의지에 의한 성취를 경험했던 기성세대와는 달리, 저성장시대와 좁은 취업문, 부모세대의 자산 격차가 자녀세대의 노력으로는 더 이상 극복하기 어려울 것이라는 패배감은 소위 '금수저와 흙수저론'으로 이어졌고, 부모세대의 소득 및 자산 불평등, 이에 따라 다르게 부여되는 각종 기회들에 대해 청년들은 우리 사회에 공정성을 요구하고 있다. 기성세대와 달리 우리 사회에 대한 공정성 인식이 MZ세대의 행복감에 영향을 미친다는 분석 결과는 이에 대한 방증일 수 있다고 주장한다. 이외의 나의 미래에 대해 개인의 노력과 선택(+)이 중요하다고 인식할수록, 삶의 만족도(+) 및 10년 후 나의 미래의 행복도(+)가 높을수록 행복감이 높은 것으로 나타났다고 설명하고 있다.

이 부분은 아마도 전 세대에 걸쳐 공통적이지 않을까 생각한다. 내가 개척해 나갈 미래가 자신의 노력의 정도에 따라 그 결과가 나올 수 있는 가능성이 높으면 행복도가 높아질 것이고 아무리 노력해도 노력 여부와 관계없이 달성할 수 있는 결과에 한계가 있다고 판단하면 좌절과 함께 행복도가 떨어질 것이라고 해석할 수 있다.

물론, 이런 인식에 대해서는 이해가 되지만 이렇게 되묻고 싶다. 기성세대들에게는 금수저와 흙수저가 존재하지 않았는지,

그리고 기성세대들은 노력한 만큼 다 결과를 얻으며 살아왔는지, 그런 환경 속에서 행복을 누리며 여기까지 왔는지. 아마도 기성세대들에게 답하라고 하면 MZ세대와 유사하거나 조금 나은 환경이었다고 답할 것이라고 예상한다. 이런 연구들이 계속되겠지만, 리더들은 연구결과를 해석하는 관점과 시각을 분명히 하고 있어야 한다. 이해를 하고 있어야 하지만, 당장 조직에 입사하여 일하고 있는 MZ세대의 요구를 다 반영할 수 없다는 것을 냉정히 인식하고, 소통하고, 설득하고, 도전과 성장기회를 주는 데 집중해야 한다. MZ세대 내에서도 성별, 결혼상태, 직업, 사회적 관계, 건강, 삶의 만족도, 주거 안정성 등의 변수에 따라 행복감에 차이가 드러났고, 이를 반영해 연구결과의 차이도 발생했다고 하였다. 이건 자연스럽고 당연한 결과로 해석된다. MZ세대라고 모두 동질집단은 아니며, 기성세대라고 하여 항시 안정만 추구하고 고집을 부리며 변화를 거부하지는 않는다. 변화와 혁신의 선두에 서서 지휘하고 있는 리더 중에는 젊은 세대보다 아직은 기성세대가 많지 않은가!

행복에 영향을 미치는 사회공정성에 대하여

앞의 논문에서 MZ세대가 특별히 관심을 갖는 화두가 공정성이라는 것은 이미 사회적으로 공유하고 있었다. 그러나 연구자들이 MZ세대의 공정성에 대한 요구가 더욱 강해진 원인을 기성세대에 비해 노력해도 상위 계층으로 올라갈 수 있는 사회 시스템이 막혀 있기 때문으로 들고 있는 것은 한번 재고해 볼 필요가 있는 이슈라고 생각한다.

금수저로 태어나면 쉽게 성공한다고 확신 있게 주장할 수 있는가? 역으로 흙수저로 시작하면 영원히 성공할 수 없는가? 미디어에서 극적인 효과를 위해 조금 가공했다는 것을 한 수 접어주고 보더라도, 성공한 사람 중에 금수저보다 흙수저 출신이 제법 존재한다는 것을 볼 수 있지 않은가? 기성세대는 지금보다 덜 노력해도 기회가 많이 있어서 MZ세대보다 쉽게 성공하고 취업도 잘할 수 있었다고 생각하는가? 그때도 동일하게 힘들었고 가장 큰 차이는 허리띠를 졸라매며 지하 단칸방에서 시작하여 아파트 분양을 받으려고 지금처럼 풍요롭게 소비하지도 못하고 인내해 나갔던 것은 왜 부각시키지 않는가?

이런 관점과 배경, 사실들을 MZ세대와 소통하고 공유하려는 노력도 해야 한다. 물론 듣기 싫을 것이다. 우리 부모님들이 6·25전쟁 때 어떻게 밥을 굶으며 생존하려고 몸부림쳤는지 상기시키며 반찬 투정을 하는 자녀들을 나무랐을 때 긍정과 동의보다는 그 자체가 듣기 싫었던 경험이 떠오른다. 그때는 그때지 왜 현재에 과거의 기준을 가지고 와서 혼내는지 이해할 수가 없고 불만스러웠기 때문에 아마도 MZ세대도 동일한 반응을 할 것이다.

그럼에도 불구하고 짚고 넘어가야 할 부분은 짚고 넘어가야 소통이 깊어질 수 있다. 물론 금수저에 비해 흙수저들이 출발점이 더 멀기 때문에 단거리 경주에서는 따라잡기가 쉽지 않고, 간격을 좁히기 위해 숨이 턱까지 차는 고통은 분명히 있을 것이다. 하지만 인생은 마라톤에 비유되고 살아 보면 그게 사실이다. 마라톤에서 꾸준히 달리는데도 금수저를 추월하지 못한다는 말이 사실일까? 그렇지 않다고 확신한다. 다만 당장에 결과를 기대하거나 마라톤이 힘들다는 것은 누구나 알고 있어서 그렇게까지 뛰면서 살고 싶지 않다는 바람이 자리 잡고 있다 보니 불만 요소로 작용하는 것이라고 생각한다. 기회와 과정과 결과에 대한 투명성을 공정성이라고 정의한다면 그것은 선진국으로 가기 위한 과정이고, MZ세대들이 그런 인식을 가지고 향후에 사회를 이끌어 간다면 우리나라에 좋은 영향력을 미칠 수 있을 것이라는 희망을 갖게 된다.

ⓔ 행복도에 대한 해석

아마도 해석을 좀 더 심도 있게 해야 할 필요는 있다고 본다. 그렇게 MZ세대가 헬조선이라고 하며 한국에 살아가는 것이 너무 힘들다고 외치며, 미디어는 연일 '4포세대'라고 하며 부추기는 가운데, 결과는 이렇게 거꾸로 나왔기 때문이다. 물론 변수 선정 등의 부분이 MZ세대의 직접적인 정서를 완벽히 반영했다고 판단하기는 어렵겠지만, 그래도 일반적인 관점에서는 의외라고 해석할 수 있다.

그러나 주제로 돌아가, “자신의 삶과 행복에 대한 강한 열망이 있다”라는 MZ세대의 특성을 반영하고 있다고 해석이 가능하다. 그만큼 행복에 대한 강한 열정이 자리 잡고 있기 때문에 행복감도 구체적으로 느끼고, 인식하고, 조사에 반응한 결과가 아닌가 싶다. 결론적으로, 동일한 미래세대 내에서도 집단별로 행복감의 분포가 이질적으로 나타남을 확인하였다. MZ세대의 일반적인 특성을 대표적으로 논하는 것은 필요하나, 이질적이고 서로 다른 점도 존재함을 분명히 인식하고, “MZ직원들은 다 그래” 하는 식의 접근은 피하는 것이 좋을 것 같다는 생각을 해본다.

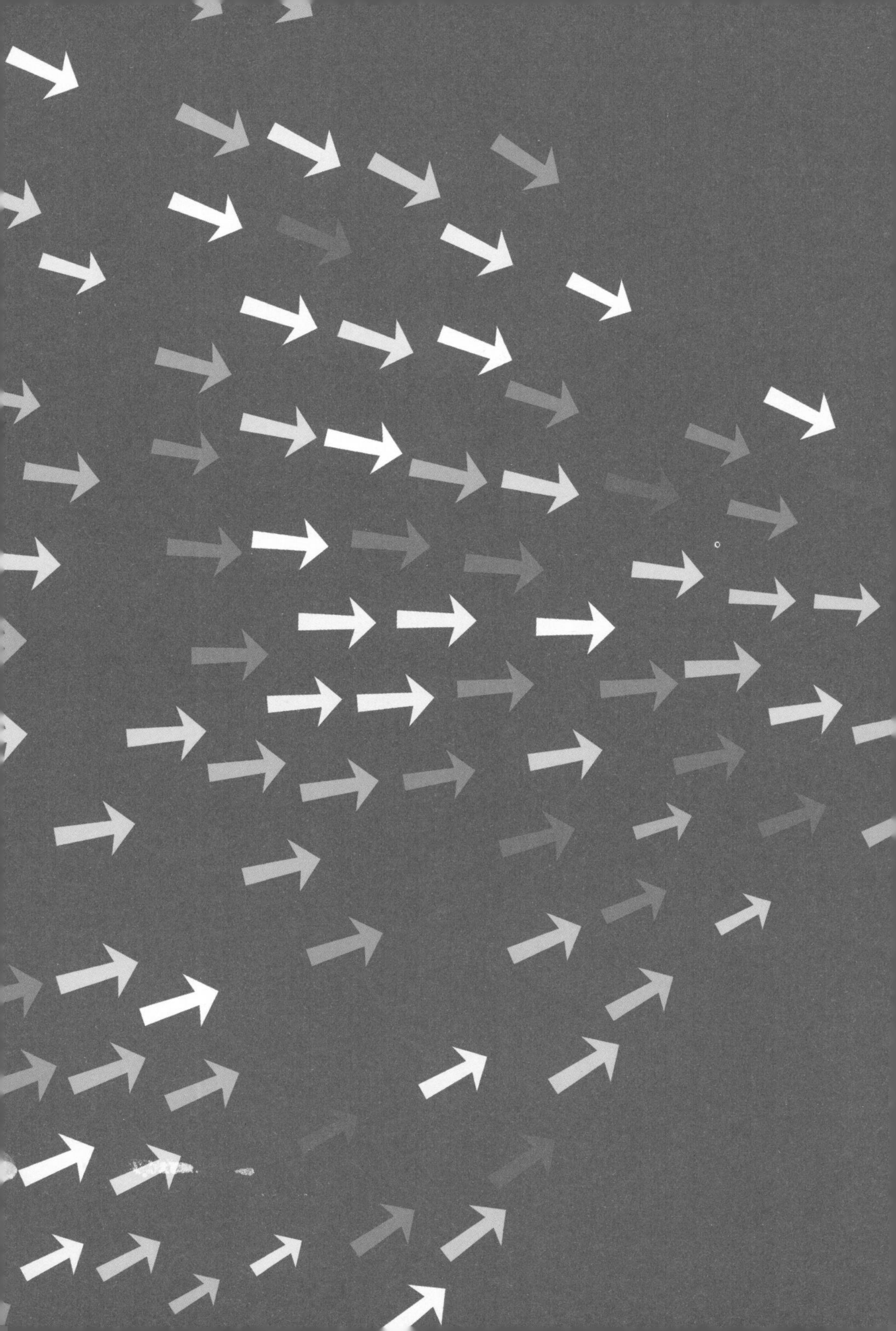

Chapter.2

MZ세대에게 필요한 진정한 리더는?

100년 전 미국, 21세기 한국, 시대정신의 본질을 읽어라

주변을 돌아보면 많은 변화가 일어나고 있고 시대의 흐름이 바뀔 것 같은 긴박함이 흐르고 있다. 전문가가 아니더라도 매일 매일 미디어를 통해 전달되는 키워드가 다소 과장되는 경향은 있지만, 점점 달라지고 있음을 체감한다. 그 과정 중에 언급되는 중요한 쟁점 중 하나가 MZ세대가 조직에서 어떻게 일하고, 관계를 맺고 있으며, 리더인 상사, 선배들과 어떻게 소통하는지에 대한 내용이다. 가끔씩 시대정신이 변하고 있다는 말도 듣게 되지만, 어쨌든 폭풍전야 같은 시대를 살아가고 있는 것은 사실인 것 같다.

우연히 tvN에서 방영하는 '알쓸별잡'이라는 프로그램을 보게 되었다. 2023년 8월 17일 방영된 EP.3 중 하나로, 〈미국 광란의 시대 1920년대〉라는 소제목이 눈에 띄었다. 1920년대 미국이 어떠했길래 지금의 한국과 비교해 보라는 건지 궁금하여 유튜브를 통해 한 번 더 보게 되었다. 내가 알고 있었던 이야기들도 있었지만, 사건과 상황에 숨겨진 배경과 해석은 전혀 다르다는 것을 깨닫고 '아하'했던 기억이 새롭다. 여러 가지 시대 상황을 각 분야의 전문가들이 자신들의 분야와 관련된 스토리들로 재미있게 전개해 나갔고, 그중에서 가슴에 와닿았던 내용들을 요약해 보려고 한다. 이 내용들을 통해 시대의 정신이나 관점을 이해하고 난 후에야 다시 현실로 돌아와 현재 한국의 사회적 상황에 대비해서 관찰하면 우리에게 도움이 되는 시사점이 나오지 않을까 생각한다.

'광란의 시대', 미국의 1920년대는 1차 세계대전의 참전으로부터 시작된다. 뒤늦게 참전한 미국은 유럽 전장에 군수품을 제공하고 판매함으로써 엄청난 국가적 부를 축적하게 된다. 1918년 1차 세계대전이 종전하고 난 후 미국은 강대국이 되었다. 사회적으로나 경제적으로 힘이 차오르게 된 미국의 역량은 스포츠와 예술 분야에서의 문화적 모험으로까지 확장되었고, 프로야구에서는 베이브루스가, 음악에서는 루이 암스트롱 등의 음악가가 등장하며 대중적 인기를 끌게 된다. 한 국가의 경제력이 극도로 팽창되었을 때 나타난다는 시그널인 마천루의 대표적 상징으로 유명한 엠파이어 스테이트 빌딩도 이때 착공하여 1931년에 완공되게 된다.

하지만 경제적 풍요로움과 달리, 이 시기는 1차 세계대전 참전으로 인한 미국의 세대 간 단절의 시기였다. 1차 세계대전으로 많은 대학생들은 전쟁이 동원되어 죽게 된다. 종전 후에 대학으로 돌아온 젊은 세대는 선배들의 죽음으로 대학사회에 선배가 사라진 것을 알게 된다. 또한 전쟁의 참혹함으로 인해 합리성에 대한 의심이 생기고 염세주의가 퍼져 나가면서 초현실주의라는 사조도 탄생하게 된다. 이것이 기성세대와 기존 사상에 대한 환멸도 부추기게 되었다고 한다. 정치체제에 대한 혼란과 의심도 이때 시작되었다. 전쟁에서 살아남은 젊은 세대들은 기성세대의 기존 관념에 대해 '이게 맞나, 다르게 생각해 볼 수도 있지 않는가' 등의 질문을 던지면서 새로운 이론과 개념을 제안하며 연구의 방향을 전환해보는 변화를 시도했다고 한다. 학문의 각 분야에서 새로운 이론이 탄생하기 시작한 계기가 마련된 것이다. 1차 세계대전 이전에는 뉴턴의 물리학과 원자학이 한참 연구·이론화되고 있었는데, 독일의 괴팅겐대학을 중심으로 양자역학이라는 새로운 개념이 등장하면서 기존의 물리학을 뒤집어 버리는 사건이 발생한 것이다.

전쟁으로 인해 선배들의 존재가 급격히 축소되다 보니, 아마도 선배들 눈치를 보지 않아도 되는 환경이 눈앞에 닥치자 당장은 당황스러웠을 것이다. 전쟁의 상처를 통해 많은 것을 잃게 되는 현실을 몸으로 체험하고 나자 기존에 옳다고 생각했던 것들이 과연 옳은 것인지 회의하게 되고, 다르게 생각하며, 원점에서 다시 한번 고민하는 자연스러운 분위기가 형성된 데에는 바로 이와 같은 사회·문화적 환경의 변화가 자리 잡고 있었다.

◎ 이 시점, 왜 미국의 1920년대를 돌이켜보아야 하는가?

MZ세대와 일하는 방식, 그리고 리더십에 대한 고민 등을 미국의 격동기였던 1920년대와 비교를 하는 것으로 범위를 좁힌다면 어떤 시사점이 있을까? 우리에게 최근 제기되는 극단적 경제 발전과 세대 간의 단절이라는 화두를, 우리보다 앞서 민주주의와 자본주의를 경험한 미국의 1920년대에서 흡사하게 발견할 수 있기 때문이다.

그런데 1920년대의 변화는 1차 세계대전이라는 전쟁 이후의 새로운 세대가 지니게 된 염세적 세계관으로부터 시작되었다고 볼 수 있지만, 우리의 현실에서 MZ세대 리더십이 수면 위에 떠오른 것은 어떤 힘이 작용한 것일까? 시대의 흐름과 시대정신이 필연적으로 변화해야 하는 시점이 도래해 자연스럽게 발현된 것 같지는 않다. 그보다는 오히려 항상 앞서가고 침소봉대하는 미디어의 주도하에 너무나 빠르게 퍼지는 SNS의 영향력이 작용인 듯하다. 책임감 없이 상대적으로 인기를 누리는 SNS의 주인들이 지속적으로 갈등 국면만을 부각하고 기성세대와 MZ세대를 편가르기 하는 흥미 위주의 정보나 스토리텔링을 해온 것이 작금의 상황을 초래한 것은 아닐까 추측해본다. 성급한 발화를 내

벨은 뒤에 보여주는 "아니면 말고" 하는 식의 무책임한 태도들이 시청률, 혹은 조회수라는 상업적 지표에 목숨을 거는 미디어의 힘에 의해 앞서가는 지식인으로 포장·유지되어 온 것은 아닐까?

물론, 한국의 MZ세대에게도 기성세대에 대한 반발감은 객관적으로 존재하고 있다. 대표적인 증거가 '꼰대'라는 용어를 기성세대를 지칭하여 사용하고 있는 것이다. 하지만 기성세대를 바라보는 관점에서 1920년대의 미국과 현재의 한국 사이에 큰 차이가 있다면, 1920년대 미국의 새로운 시대정신 추구는 새로운 발명품, 새로운 사회를 만들어내는 원동력이 되었다는 점이다.

새 세대의 정신이 새 시대의 원동력이 되려면?

우리의 기성세대가 과연 혁신과 변화를 가로막는 장애 요인으로서만 존재하고 있는가 한 번 생각해 보아야 한다. 객관적으로 그들이 그만큼 완고하고 엄격하며 기득권만을 주장하고 있는가? 그렇지 않다.

일단 한국에는 미국의 1920년대와 비교해 볼 때 그만큼의 권위를 지킬 수 있는 제도와 시스템이 정착되어 있지 않다고 본다. 미국의 1920년대는 금주법 제정의 영향으로 공화당과 민주당 모두 보수주의자들이 장악하게 된 지독한 보수의 시대였고, 이러한 흐름은 경제 대공황을 맞이하기 직전까지 이어졌다. 이 지점에서 1920년대 미국의 변화하는 시대정신의 밑바닥을 관통하고 있는 핵심과 본질을 깊숙이 들여다보고 고민해 볼 필요가 있다. 그들은 신기술, 새로운 이론, 신제품과 서비스 등을 새롭게 만들어갔다. 우주를 새롭게 인식하게 만든 허블망원경도 이 시기에 개발이 되었고 무성영화에서 유성영화로 기술발전을 이루었다.

물론 1920년대 미국이 세대 간의 갈등 없이 자연스럽게 혁신과 변화를 이루었다고 생각지는 않는다. 그러나 부정적 갈등과 혼란을 통해야만 새로운 시대가 열리는 것은 아니라고 생각한다.

현재의 대한민국도 마찬가지이다. 지금 한국 사회는 1920년대의 미국 사회가 보여준 극단적 보수화와 경제적 발전의 코드에 비하면 세대 간의, 진보와 보수 간의 스탠스(stance)가 훨씬 유연하다. 기성세대의 권위는 1920년대 미국 사회의 그것처럼 경직되거나 공고화되어 있지 않다.

우리 사회의 추동력을 지니는 세대가 교체되는 이와 같이 중요한 시점에서, 기성세대는 MZ세대에게 변화의 주체가 되도록 교육시키고, 경험을 전수하고, 새로운 시도를 해보도록 기회를 부여하는 촉진자로서의 역할을 수행해야 한다.

반면 MZ세대는 급격하게 기존의 질서와 정신을 전면 부정하고 모든 것을 새로운 기반 위에 세우려는 시도를 해서는 안 된다. 무(無)에서 유(有)를 창출하는 비효율적인 발전은 이미 우리의 60년대 경제근대화로 충분하다. 이제는 기성세대가 쌓아 올

린 시대정신과 결과물들에 대해 어떻게 그 과정이 이루어졌고, 왜 그렇게 할 수밖에 없었는지를 경청하며 질문하고, 이해되는 부분과 이해되지 않는 부분을 구별하며, 새롭게 변화시켜야 될 부분이 무엇인지 설명하고, 합의와 설득의 과정을 통해 서로 성장하고 발전해 나갈 수 있음을 인정해야 한다. 단순히 불편하고 익숙지 않다는 이유로 멀리하거나 귀를 막는 것은 변화의 최전선에 서는 자의 자세가 아니라고 생각한다.

마지막으로 박동원 논설위원이 쓴 〈침대공상〉에서 한 구절을 인용하려고 한다.

> 팀스피릿을 구현하는 방법과 방식이 달라졌을 뿐 스피릿이 필요 없어진 게 아니다. 애국심의 해석과 구현이 달라진 거지 애국심이 필요 없는 게 아니다. 정신력의 구현 방식이 달라진 것이지 정신력이 없어진 게 아니다. 시대정신의 핵심과 본질은 없어진 것이 아니다. 리더십의 본질도 시대에 따라 변화되는 것이 아니다.

MZ세대는 미래의 주인공인가, 현재의 주인공인가?

MZ세대에 대한 주제가 논의거리가 되면 좀 의문이 드는 때가 있다. 왜 방송이나 미디어가 마치 현재가 제대로 준비되지 않아 MZ세대가 적응하는 데 힘이 들고 있고, 기성세대들이 MZ들이 갈등 없이 편하게 사회에 적응하고 조직에서도 시행착오 없이 생활할 수 있도록 배려하고 눈높이를 맞추려고 노력하고 조금 더 변화되어야 한다는 논조로 몰고 가는 것인지에 대한 의문이다. "요즘 이렇게 말하면 기성세대들이 꼰대라는 소리를 듣겠지만"이라고 토를 달고 얘기를 진행하는 것을 자주 듣게 된다. 그런 소리를 들으면 기성세대는 화성에서 온 사람들이므로 지구인으로 살고 있는 MZ세대에게 잘 맞춰 살아야 한다는 의미인가 하는 물음표가 생긴다.

가정에서도 자녀들과 함께 가정을 꾸려나가는 것이지 자녀를 위해 부모들이 이뤄놓고 가꾸어 왔던 기존의 모든 것들을 바꿔야 하는 것은 아니지 않는가?

과거, 현재, 미래를 정의할 때 일반적으로 하는 말들이 있다. “현재는 과거의 결과이고 미래는 현재를 어떻게 살았는지를 나타내주는 결과물이다.” 현재의 결과가 나온 원인을 과거에서 발견할 수 있고 이 관계를 확장한다면 미래에 내가 바라는 모습을 생각하고, 그것이 달성되려면 그 미래의 과거인 현재에 무엇을 해야 할지를 정할 수 있다. 즉, 미래의 결과는 현재의 원인에서 찾을 수 있다는 말이다. 인생에서 할 수 있는 것은 미래를 꿈꾸며 현재를 생활하고, 현재의 불만족스러운 원인을 과거에서 발견하여 현재를 수정해 나가는 것이다. 과거는 되돌아보았자 돌아갈 수는 없다. 하지만 미래를 위해 현재에 대한 시사점을 찾을 수 있다. 그 시사점이 결국 우리가 과거에서 배울 점이다. 그리고 잘 배우려면 과거를 합리화하거나 자기 도취하지 말고 마음을 비우고 배울 점이 있는지 낯선 시각에서 객관화해야 할 것이다.

4차 산업혁명은 어디서 갑자기 튀어나온 것이 아니다. 디지털 혁신 시대가 갑자기 MZ세대의 등장과 함께 펼쳐진 것이 아니다. 3차 산업혁명의 시간을 보내고 다음 단계로 4차 산업혁명이 대두된 것이다. MZ세대가 만든 변화가 아니고 기성세대들이 과거로부터 지속적으로 연구해 온 노력이 지금에 와 결실을 본 것이다. 그 사이에 MZ세대가 태어났고 성장, 발전해 여기까지 온 것이다.

과거에 얽매이거나 사로잡혀 행동에 영향을 받는 것도 문제이지만, 과거를 무작정 부인하거나 알려 하지 않는 것도 문제가 된다. 과거의 연결 선상에서 현재를 분석하고 미래를 예측하는 것이 더 현명하고 지혜로울 수 있기 때문이다. 리더들은 과거로부터 현재까지 와있는 사람들이다. 이런 인식을 가지고 리더들은 MZ세대를 어디에 위치시키고 리더십을 발휘해야 효과가 있을지 고민해야 한다.

MZ세대를 현재의 주인공으로 위치시킨다면 리더가 제일 먼저 해야 할 일은 무엇인가? 이런 결정을 하기가 현실적으로는 쉽지 않을 것이다. 위험부담을 어느 정도 해야 하기 때문이다. 경우에 따라 필요한 직책을 부여하고, 분명한 책임과 권한을 주고, 우선순위가 높은 일들을 배분해야 한다. 그에 따른 결과에 대해 제대로 평가하고 보상도 분명해야 하지만 책임도 지게 해야 한다. 시행착오와 실패에 대해서도 참고 인내해줘야 한다. 일정한 시간과 업무 경험이 축적되도록 PDCA(PLAN-DO-CHECK-ACT)의 사이클을 반복해서 실행하고 관리해줘야 한다. 리더로서 챙겨야 할 부분이 급격히 증가할 것이다.

반대로 MZ세대가 미래의 주인공이라고 생각했다면 리더가 무엇을 먼저 해야 하는가? 좀 더 체계적이고 단계별 훈련과 경험을 축적하도록 후계자 육성 프로그램을 기획해서 적용해 나가야 한다. 동행훈련과 함께 의사결정에도 부분적으로 참여시키고, 과거로부터 현재까지 진행되어 온 히스토리를 구체적으로 설명하고, 왜 이런 전략이 수립되었고 어떤 배경으로 조직 내 제도와 시스템이 설계되고 지금까지 실행되어 왔는지, 조직문화는 어떤 과정을 거쳐 현재에 이르렀는지를 충분히 이해시킬 수 있다. 향후 조직의 지속적인 성장과 발전을 위해 꾸준히 고민하고 해결해 나가야 할 전략과제들은 무엇인지, 조직의 아킬레스건은 무엇인지를 솔직히 커뮤니케이션해야 한다.

어느 쪽으로 위치시키는 것이 현실적이고 위험부담이 덜하다고 생각하는가? 이제 구체적인 잣대를 가지고 고민해 보니 방향을 설정하는 것이 좀 명확해져 가지 않는가? 아마도 MZ세대의 문제를 미래의 주인공으로 위치시키고 해결점을 찾아가는 것이 더 현명한 관점이라는 생각이 들 것이라고 확신한다. 물론 리더가 처해있는 상황과 맥락, 성장 속도, 업종, 인력 구조 등에 따라 변수가 될 수 있다고 이해하고 있지만, 특별한 상황이 아니라면 미래의 주인공으로 설정하는 것이 리더십 발휘에 더 효과적이라고 볼 수 있다.

ⓔ 그렇다면 미래의 주인공인 MZ세대를 위해 무엇을 준비해야 하는가?

미래의 주인공인 MZ세대를 위해 리더는 조직의 현재 성과를 확보하고 동시에 미래를 준비시켜야 한다. MZ세대에게 눈높이를 맞추는 노력도 필요하지만, 장기적이고 전략적 관점에서 후계자 육성과 인수인계를 잘 해주어야 한다. 육상의 이어달리기처럼 적절한 타임과 스피드로 배턴터치를 시기적절하게 해주어야 한다.

조직의 위기는 리더십이 바뀔 때 온다. 그만큼 세대교체는 말처럼 쉬운 일이 아니다. 연말연시에 대기업의 리더십 교체를 젊은 피의 수혈이라는 자극적인 기사로 종종 언론에서 보고 듣기도 하지만, 실상은 위험을 안고 하는 혁신 활동이다. 제삼자로서 듣는 사람에게는 시원하고 희망찬 단어로 들릴 수 있으나 이해관계자들에게는 쉽지 않은 변화관리 과정이고 절차다. 그러나 한편으로는 위기와 함께 기회도 동반한다.

세대교체가 성공적으로 일어나면 위기에 몰렸던 기업들이 다시 살아나고 더 단단해지는 사례도 종종 보게 된다. 가끔 무책임하고 인기영합주의로 이중적인 태도를 취하는 리더들이 하는 말들을 듣곤 한다.

> "이제 우리는 물러나야지 시대가 바뀌고 있다. 옛날 방식은 점점 통하지 않는다. 우리 말이 제대로 먹히지도 않잖아, 젊은 친구들이 핵심역할을 해줘야 하지 않나"

그러나 바로 물러나는 리더들을 보지 못했다. 정말 물려줄 마음이 있는 건지 의심스럽다. 왜 그렇게 생각하는 지도 궁금하다.

그들이 아직 시기가 아니라고 얘기할 것을 예상하고 있기 때문에 물어본 적은 없다. 그런 얘기를 할 시간에 미래의 주인공인 MZ세대를 준비시키고 훈련시켜야 하는 것이 리더로서 우선순위가 아닌가 생각된다. 그리고 적절한 시기에 물려주어야 시행착오 없이 인수인계가 성공할 수 있을 텐데, 위기가 닥칠 때 갑자기 물려주거나, 새로운 변화가 필요한 적기를 놓치고 이미 퇴보의 조짐을 보이는 조직의 리더 자리를 그때 가서 물려주는 것은 옳은 결정이 아니라고 본다.

물려준다는 의미는 그냥 뒤로 물러나는 것이 아니다. 현재의 성과를 유지하면서 미래를 고민하고 지금 씨앗을 뿌리는 리더십 행동이다. 현재의 성공과 승리에 도취하지 않고 미래 주인공들을 위해 미래사업들을 지금부터 준비시키는 것이다. 그렇기에 마냥 MZ세대를 이해하고 맞춰주려는 노력에 에너지를 전부 투입하지 않고 미래준비에 필요한 기회들을 부여하고 미래의 리더로서 성장하도록 훈련시키는 데 에너지와 시간을 쏟는 것이다. 거기서 발생하는 갈등을 극복하고, 경우에 따라 단호함을 보여주고, 안 되는 것은 분명히 "NO"라고 하며 '꼰대'라는 별명도 기꺼이 받아들이는 용기를 보여주어야 한다. 이런 결단이 물려주기 위한 준비들이고 리더십이다.

"새 술은 새 부대에"라고 무작정 구호를 외치는 것도 아마추어들이 하는 행동이다. 이 구호가 그리 단순한 문제가 아니기 때문이다. 세계적으로 국가의 지도자를 새로 바꿔서 다 성공했는가, 새로운 리더로 교체하면 기업들이 다 회생하고 더 발전하였는가를 탐색해 보면 현실은 계산대로 되지 않았음을 바로 알 수 있다. MZ세대에게 향후 존경받는 리더가 되기 위해서는 현재의 인기 여부에 관계없이 미래의 주인공으로 MZ세대를 위치시키고, 이들이 미래의 리더로서 사회와 국가에도 기여할 수 있도록 훈련시키며 육성하는 진정성 있는 모습을 보이는 것이 바람직하다. 그렇다고 그 과정에서의 어려움이 없지 않겠지만, MZ세대들의 미래를 준비시키고 성장, 발전시키는 본질적인 이슈를 건드린다면 리더를 따라오지 않을 부하들이 있겠는가?

MZ세대 리더그룹의 성취동기를 읽어내는 리더십인가?

금전이나 명예 때문이 아니라 일 자체에 즐거움과 의미를 부여하는 동기에 의해 일을 성취하는 경우를 성취동기라고 한다. 동기를 연구하는 심리학자들 가운데 맥클랜드(David McClelland, 1953)가 처음으로 성취동기라는 개념을 소개하였다. 그는 사람의 성격은 그 사람의 욕망이나 동기를 보면 알 수 있다고 하면서, 사람 성격과 성취 욕구는 주로 어려서 갖는 생활경험이나 습관으로부터 영향을 받는다고 했다. 그래서 성취동기 이론에 의하면, 욕구는 성격에 바탕을 두고 환경과 상호작용하면서 형성되어 가며, 인간의 욕구는 선천적이기보다 사회의 문화로부터 학습된다고 했다. 그리고 후진국 사람들이 성취 욕구가 낮다는 것을 발견했는데, 이는 교육의 부족, 가난, 운명적 종교에 원인이 있었다고 했다.

맥클랜드는 성취동기가 높은 사람은 다음과 같은 특성이 있다고 한다.

① 과업 지향적이라서 자기 능력을 시험하는 경향이 강하며,
② 모험성이 강해 위험을 무릅쓰고 도전하며,
③ 자신감이 넘치기에 자신이 하는 활동을 긍정적으로 믿고 행동하며,
④ 정력적이고 혁신적이어서 남의 의견을 수용하면서 최선을 다하며,
⑤ 책임감이 강하고 실패를 타인이나 환경의 탓으로 돌리지 않으며,
⑥ 미래지향적이기에 미래를 예견하고 행동한다.

그는 성취동기의 사회적 학습이 중요하다고 했으며, 훈련에 의해 성취동기를 높이는 가능성을 제안했다.(《심리학 용어사전》 2014.4)

MZ세대에도 성취동기가 높은 리더그룹이 있다

MZ세대를 얘기할 때 보면 기성세대와 다르다는 것은 먼저 논하면서 정작 잘하고 싶어 하는, 성취동기가 강한 그룹도 있다는

것은 얘기하는 순서에서 뒤로 밀리는 경향이 있다. 아마도 이런 생각이 아닌가 싶다. 선두그룹은 당연하다고 생각하게 되고 항상 신경이 쓰이고 눈에 먼저 띄는 평균치를 밑도는 그룹에 자연스럽게 포커스를 맞추는 것이다.

이런 경향은 리더십을 논하거나 리더십 강의를 진행할 때도 마찬가지이다. 정상분포곡선에 속한 리더십을 얘기하고 있으면 교육받고 있는 참가자 가운데 꼭 자기가 겪었던 특별한 리더 얘기를 꺼내면서 회의적이고 부정적인 질문을 하는 경우가 있다. 자신이 겪은 리더가 트라우마 수준인 경험자들은 질문을 더 부정적으로 한다. 정말 리더가 다 그런 사람들로 채워져 있나? 현실은 그렇지 않다.

다시 돌아와서 생각해 보면, MZ세대 직원들도 마찬가지이다. 그런데도 이슈화하는 것은 특별하게 행동하고 조직에 적응을 잘 못하고, 특히 일하는 자세가 평균치에 못 미치는 MZ직원들을 주로 논하게 된다. 물론 저성과자들을 정상화시키는 것도 팀의 과제이자 리더의 십자가인 것은 사실이지만, 성취동기가 높은 상위에 해당되는 리더 그룹을 좀 더 활성화시키고 더 잘하게 하면 팀 전체의 실력이 향상되고 분위기가 반전되는 효과도 얻을 수 있다. 이 그룹들을 잘 관리하고 이끌어야 한다. 조심해야 할 것은 리더가 리더 그룹에만 신경을 쓰고 그쪽만 예뻐한다든지 차별대우를 하는 것 같다는 볼멘소리가 나오지 않도록 기술적인 관리가 필요하다.

㉣ 리더그룹의 성취동기는 어떻게 읽어내고 강화시켜야 하나?

구성원들의 학습과 교육 차원에서 성취동기 검사 도구를 활용하는 것도 방법 중의 하나일 수 있을 것 같다. 그러나 그리하지 않아도 리더와 구성원으로서 같이 일하고 소통하고 부딪치다 보면 구성원의 성취동기를 어느 정도 파악할 수 있지 않을까 생각한다. 또는 앞에서 언급한 맥클랜드의 성취동기가 높은 사람의 특성을 참고해도 자신과 일하는 구성원들의 성취동기가 상대적으로 높고 낮은지는 판단할 수 있을 것이다.

성취동기를 읽어내는 것도 중요하지만 '어떻게 성취동기를 높게 유지해 개인의 성과 창출로 지속적으로 연계되도록 할 것인가?'가 핵심이자 본질이다. 리더로서 조심스럽게 다루어야 할 대상들이 이 리더그룹이기도 하다. 성취동기가 높은 사람들은 자신의 비전이 달성될 가망이 없다고 판단되면 바로 조직을 떠나갈 가능성도 높을 수 있기 때문이다. 또한 현실에서 성취동기가 높은 리더그룹이 마냥 좋은 것은 아니다. 무조건 믿고 맡기면 리더에게 기쁨을 가져올 것이라고 기대하는 것도 조심해야 한다.

이들도 자신의 성향에 따라 나뉘기도 하는 경험을 한 적 있다. 일 중심이어서 관계성이 상대적으로 약한 경우도 있고, 항상 도전적이고 새로운 일을 하고 싶어 하다 보니 반복되거나 덜 도전적인 업무에는 동기부여가 안 되는 것을 보기도 했다. 또 개인에게 책임과 권한이 분명히 부여된 일을 선호하는 경향도 강하다. 매번 도전적인 업무와 기회를 보장해 줄 수 없는 것이 리더의 현실이기 때문에 이것도 쉬운 일은 아니니다. 성취동기가 높은 리더그룹을 발견했으면 관리를 해 나가야 하는데 현실적으로 고려해야 할 사항들을 참고하여 몇 가지 전략적인 조치를 해야 한다.

첫 번째로 리더가 해야 할 일은 조직의 비전과 핵심가치를 이들과 공유해야 한다. 아주 난이도가 높은 과제일 수 있다. 개인의 비전과 조직의 비전을 맞춰 나가는 과정이고 그 갭을 점차 줄여나가야 하는 시간이 필요한 작업이다. 그래도 지속적으로 합의해 나가야 한다. 성취동기가 높아 열심히 일하는 것은 조직 내에서 하는 것이고 조직에 기여해야 하는 것이지 개인 차원으로 하는 것이 아니기 때문이다. 이것이 전제되지 않으면 개인 경력을 쌓기 위해 자신에게 필요한 일만 지능적으로 골라 하면서 목적을 이루었다고 생각되면 이직해 버리는 악순환이 계속될 수 있기 때문이다.

다음으로 각자의 유형에 맞게 일을 배분하는 것이다. 일 중심인 리더그룹에게는 단독으로 일하는 것보다 관계성 역량이 강한 선배나 동료와 같은 조로 일하는 과제를 주어 자신의 약점을 보완해 나가도록 한다. 초반에는 불편함을 호소하기도 하나 시간이 흐르면서 자신을 객관적으로 돌아보고 자신의 약점을 보완하려는 노력을 보이는 경우가 대다수임을 볼 수 있었다. 책임과 권한을 선호하는 유형에게는 타 조직과의 혼합 태스크팀이 구성될 때 참여기회를 주거나 팀의 KPI 중 난이도가 높은 과제를 단독으로 수행하여 보고하게 하는 기회를 주면 효과적일 수 있다. 이때는 의도적으로 허용하는 범위 내에서 가장 자유로운 상황을 조성해 주어 가장 신바람 나게 일할 수 있도록 해줄 필요가 있다.

리더들이 실수하기 쉬운 것은 이렇게 자유를 부여하면서도 부하들이 하는 일을 자세히 알고 있어야 한다는 관점이다. 믿고 맡겼으면 되도록 간섭이나 통제라는 오해를 받지 않도록 해야 한다. 물론 중요 시점에서 보고 받아야 할 것은 사전에 합의하여 진행하면 된다.

마지막으로 역시 쉽지 않은 강화단계가 놓여 있다. 일한 성과에 대한 적절한 보상이다. 성취동기가 강한 사람들은 자신이 한 일에 대한 평가로 보상을 생각한다. 어떤 유형은 아주 민감하고 공격적으로 보상 결과를 따지는 경우도 있다. 보상의 방법은 금전적인 보상도 있지만, 연수기회를 준다든지 승진의 기회를 주는 것 등 디양하게 실행할 수 있다. 여건이 허락하지 않는다면 당사자와 면담을 통해 사정을 설명하고 이해를 구하는 자리가 필요하다. 불만을 무마하기 위해 섣부른 약속을 하는 것은 피해야 한다. 섣부른 약속은 리더에게 족쇄가 되고 개인주의 성향이 강한 부하들인 경우는 리더를 지속적으로 압박하는 수단으로 사용하는 경우가 많다. 성취동기를 읽어내고 그것을 지속적으로 강화시켜서 리더그룹이 유지되게 하고, 리더그룹의 성과가 팀 또는 조직의 성과로 연계되게 한다면 리더로서 리더십 발휘를 잘해나가고 있다는 증거가 될 수 있다.

MZ세대라고 퇴근 전에 짐 싸고 회사 밖으로 탈출할 시간만 기다리는 사람이 다수라고 생각지 않는다. 성취동기를 자극하고 학습시키고 훈련시켜서 자신의 비전을 조직의 비전과 얼라인시키도록 만드는 것이 리더십이라고 이해했으면 한다. 쉽지 않기 때문에 리더라는 자리가 있는 것이다. 또 해 볼만하지 않은가? 리더들도 성취동기를 끄집어내고 다시 다듬고 나아가는 때가 온 것 같다.

프로가 되고 싶은 MZ세대에게 프로의 정신을 가르쳐라

해병대를 지원하는 이유

MZ세대들이 경쟁률이 높은 해병대에 입대하기 위하여 한 번에 안 되면 두 번, 세 번 지원 시험에 도전하는 것을 주변에서 보면서 왜 그럴까 하는 의문이 들었다. 워라밸이 중요하다고 하고 소확행을 긍정적으로 생각하는 세대라면 굳이 훈련이 힘들고 고된 해병대를 지원하는 이유는 뭘까? 뭔가 앞뒤가 맞지 않는다는 생각이 들었다. 그러다가 아주 가까이에서 조카가 해병대 입대를 위해 2번째 도전을 한다는 소식이 들려왔다. 부모는 도대체 왜 해병대를 가려고 하는지 모르겠다고 아들과 갈등을 겪고 있었다. 대학 입시에는 성공한 편이 아니고 공부보다는 사업을 배우고 싶다고 자신의 꿈을 얘기하기도 하지만, 객관적으로 보고 있노라면 정확히 본인이 하고자 하려는 것이 무엇인지 아직 고민 중인 것 같다. 공부와 학원에는 그렇게 자발적이고 올인하는 노력의 모습을 보이지 않는다고 항상 못마땅하게 생각했던 부모가 자기 아들이 요즘 이해할 수 없는 행동을 하고 있다고 내게 하소연을 해서 알게 되었다. 조카가 해병대 체력검사 통과를 위해 매일같이 팔굽혀펴기 등을 해대는 것이다. 명절날 만났는데 빈방에 가서 팔굽혀펴기를 연습하는 것을 내 눈으로 보고서야 사실임을 알게 되었다. 그러나 조카에게 직접적으로 왜 해병대를 가려고 하느냐고 묻지 않았다. 묻지 않아도 직관적으로 알 수 있었다. 그동안 대입을 준비하면서 가끔 대화를 나누고 자기 부모님에게 말하지 않는 부분도 공감대를 가져 왔기 때문에 조카의 행동을 이해할 수가 있었다. 자존감의 회복을 위해 첫 번째로 선택한 과정으로 이해가 되었다.

해병대는 아무나 가고 싶다고 갈 수 있는 곳이 아니기에, 그리고 경쟁이 있는 선발 과정을 거쳐야 입대가 가능한 곳이며 훈련 과정 또한 알려진 대로 힘든 과정이기에 그 친구가 선택한 것이다. 공부와 해병대 훈련은 동일한 구석이 별로 없다고 볼 수 있지만, 자신의 한계를 극복하고 인내를 극대화해서 목표를 달성하는 것은 같은 맥락이라고 볼 수 있다. 성취감과 자신의 존재감을 만족시키는 서로 다른 수단일 뿐이다.

조카에게 물었다. 만약 해병대에 합격하여 군 생활을 마치고 제대한 후에는 어떤 계획을 가지고 있느냐고. 조카의 답변은 그

때가서 달라질 수도 있지만 사업을 하면서 대학을 졸업하고 싶다고 했다. 사업의 결과에 따라 그때 가서 다시 한번 구체적으로 계획을 세우고 싶다고 하였다. 군 생활을 통해 자신을 테스트하고 자신의 아이덴티티를 확인하고 몸과 마음을 단련해서 대학으로 복귀하고 싶다는 것이다. 이외에도 여러 가지 이유가 존재할 것이라고 추측한다. 각자가 바라보는 시각이나 관점이 다양하기 때문에 해병대를 제대하고 얻어가는 것들은 MZ세대가 각각 차이가 있음을 인정한다. 그러나 공통적인 것은 아마도 자존감의 회복이라고 생각한다.

여기서 의문이 드는 몇 가지가 있을 수 있다. MZ들의 특성 중 하나로 자유가 제한되고 엄격한 규율 속에 일사분란함을 위해 행동하도록 지시받는 것을 못 견뎌하며 피하려는 성향이 강하다고 온 나라가 떠들고 있다. 그런데 왜 MZ들이 스스로 손을 들고 엄격한 규율과 획일화된 집단으로 대표되는 해병대에 입대하려고 애를 쓰고 있느냐는 것이다. 해병대는 그래도 되고 그것보다는 훨씬 자유로운 기업 조직은 힘들다는 것은 모순된 인식이 아닌가? 해병대는 군대이고 특수한 임무를 수행하는 집단이고 미션이 다르니 이해할 수 있다는 것인지 많이 궁금해진다.

자신이 선택한 기업조직도 미션이 있고 지켜야 할 규율이 존재하며 부여된 임무달성을 위해 혼신의 힘을 기울여서 성과로 증명해내야 한다. 그 과정에서 해병대 지휘관의 명령에 따라야 하듯이 직속 상사의 지시와 명령에 따라야 하는 것은 당연한 일이다. 이렇게 설명하고 해석하면 해병대나 기업조직이나 별 차이가 없음을 알 수 있다. 차이라면 해병대는 신상필벌이 명확하고 기업은 신상필벌 제도가 갖춰져 있으나 엄격하게 운영되지 않는다는 것으로 설명될 수 있다.

왜 MZ가 해병대라는 군대는 규율과 통제를 당연시하며 본인의 인생에서 중대한 영향을 미치는 직장생활은 규율과 통제에 힘들어하는지 좀 더 고민해 봐야 한다. 해병대에 입대하려고 갖은 노력을 다하는 것과 자신이 원하는 회사에 입사하기 위해 필요한 스펙을 쌓으려고 장시간 노력을 기울이는 것도 동일한 선상에 있다고 볼 수 있다. 기업에 입사하여 경력을 쌓고 본인이 원하는 연봉을 받으며 승승장구하고 싶어 하는 것은 누구나 원하는 모습이다. 이를 위해서는 프로페셔널이 되어야 한다. 프로가 되기를 거부하는 MZ들은 아마 극소수일 것이다. 뜻대로 프로가 되지 못하는 과정에서 인내하지 못하고 자신은 소확행과 워라밸을 추구한다고 자기 합리화를 하려는 경향이 나타나는 것이라고 생각한다. MZ들이 해병대를 지원하고 해병이 되고자 하는 것도 연봉 이슈만 제외하면 육해공군 중에서도 군에서 프로라는 소리를 듣고 제대 후 사회에서도 인정받고 싶은 욕망의 표출이다. 기업에 입사하는 것과 해병대에 입대하는 것이 동일하다고 볼 수는 없지만, 유사한 동기에서 출발한 것이다.

결국 기업이나 해병대나 민간기업이냐 국방부 산하의 군 조직이냐의 차이 외에는 다를 바가 없다고 볼 수 있다. 궁극적으로 프로가 되기 위해 노력하는 것은 동일하다. 이 점을 리더도 같이 인식해야 하며, 지금 필요한 것은 프로가 되기 위해 버려야 할 아마추어 의식임을 명확히 하여 구성원들을 단련하고 훈련시켜야 한다.

프로와 아마추어의 차이

프로와 아마추어는 어떠한 차이가 있는가? 통상적으로 얘기하고 있는 것을 종합해 보면 프로와 아마추어는 크게 두 가지 측면에서 차이가 있다.

첫째, 프로란 돈을 받고 그 활동을 하는 사람들이고, 아마추어란 돈을 내면서 그 활동을 하는 사람들이다. 예를 들자면, 당구를 치면서 게임비를 내고 치면 아마추어이고 돈을 받으면서 치면 프로이다. 골프도 그린피를 내면서 치면 아마추어이고 돈을 받으면서 치면 프로인 것이다. 조금 더 세부적으로 분석한 글이 있어 소개한다.(이 글은 《Farnam Street》에 기고된 〈The Difference Between Amateurs and Professionals〉를 번역한 글이다.)

1. 성취

아마추어 : 이 정도면 충분해. 이제 그만둬야지.

프로 : 좋아. 이건 이제 시작일 뿐이야!

교훈점 : 아마추어는 무언가를 성취하면 그만두지만, 프로

는 처음의 성취는 그저 시작일 뿐임을 이해하는 사람입니다.

2. 목표

아마추어 : 중요한 건 목표야. 과정은 중요하지 않아!

프로 : 과정이 중요해. 과정에 충실하면 목표엔 언젠가 도달할 거야.

교훈점 : 아마추어는 목표를 중시하지만 프로는 과정을 중시하는 사람입니다.

3. 자기 인식

아마추어 : 난 천재야. 모든 걸 능숙하게 할 수 있어!

프로 : 나는 내 능력의 범위를 알고 있어. 더 노력해야 돼.

교훈점 : 아마추어는 자신이 모든 것에 능숙하다고 생각하지만, 프로는 자신의 능력 범위를 이해하는 사람입니다.

4. 반응

아마추어 : 지가 뭔데 날 가르치려고 하지? 날 무시하는 건가?

프로 : 내가 몰랐던 나의 모습을 알게 되었군. 또 다른 의견은 없을까?

교훈점 : 아마추어는 누군가가 의견을 내거나 지도를 하면 인격적인 비판으로 생각하지만, 프로는 자신의 약점을

알고, 사려 깊은 비판을 구하는 사람입니다.

5. 생각

아마추어 : 내가 해낸 것을 봐! 정말 대단하지 않아?

프로 : 이번엔 운이 좋아 할 수 있었지만, 다음 번에도 똑같이 할 수 있을까?

교훈점 : 아마추어는 개별적인 성과를 중시하지만, 프로는 일관성을 중시합니다. 즉 아마추어는 잡기 어려운 공을 잡아낸 것만 생각하지만, 프로는 "같은 상황이 10번 오면 그중 9번에서 공을 잡아낼 수 있을까?"라고 생각하는 사람입니다.

둘째, 지속적으로 자신을 돌아보고 현재의 성취에 자만하지 않고 한번의 실수에 주눅 들지 않으며 상사나 동료의 피드백에 상처받지 않고 있는 그대로를 받아들일 수 있는 건강한 멘탈을 유지하는 데 최선을 다하는 것, 이것들이 MZ세대들이 프로가 되어 성장, 발전하기 위해 갖춰야 할 프로의식이다. 이런 의식부터 변화가 되지 않으면 자기모순에 갇히게 된다. 이점을 리더들은 명백히 인식하고 훈련시키는 데 주력해야 한다. 리더는 단순히 리더십을 발휘해야 한다고만 생각하지 말고 프로직업인으로 만들어서 본인들도 자존감을 높이고 프로다운 목표와 일하는 법을 갖추어 진정한 만족을 느끼도록 해주어야 한다. 프로들은 자기의 일에 즐거움과 자부심을 가지고 행복을 추구하고 있는 것처럼, MZ들을 프로로 만들어주어야 진정한 리더가 된다.

마지막으로 공유하고 싶은 문구가 있다.

일에 프로가 되지 않으면 일에 포로가 된다.

- 정철의 《한 글자》 중에서 -

주말에도 일하는 미국 초우량기업의 한국인 MZ세대

왜 주말에도 일하는가?

주변에 아는 지인의 자녀가 유학을 거쳐 한국에서도 알려진 미국의 A기업에 취업했다는 소식을 듣고 축하 인사를 건넸던 경험이 있다. 내심 속으로는 부러움을 감출 수 없었다. 특히 스톡옵션과 연봉을 자랑할 때면 한없이 부러웠다. 한국기업의 임원 연봉과 맞먹는 수준이었기에 '내 자녀도 저렇게 될 수 있다면 얼마나 좋을까'라는 탄식이 나오기도 했다. 그리고 몇 년이 지나고 지인의 부인이 아내에게 전하는 말을 듣게 되었다. 자기 아들은 주말에 전화하면 항상 사무실이라고 하면서 전화를 받는다고 좀 이상하다는 것이다. "왜 남들 다 쉬는 휴일에 일을 하냐고, 너도 좀 쉬고 데이트도 해야지"라고 통화한다는 것이다. 그리고 얼마 후에 지인과 자리를 같이하게 되었고 거기서 미국에 있는 아들 얘기가 나오게 되었다. 지인은 나에게 자신의 아내가 걱정할까 봐 아들이 왜 일요일에 사무실에 나가 일해야만 하는지를 차마 말을 못 하고 있다고 털어놓았다.

사실인즉, A기업은 출퇴근 시간이 없어서 겉으로는 자유로운 것처럼 보이지만 철저히 성과주의 인사제도를 적용하여 연말에 연간 성과평가 후 하위 몇 퍼센트는 아웃시킨다는 것이다. 1년이 채 안 된 신입사원도 예외를 두지 않는다는 것이다. 한국의 정서로는 이해하기 어려울 수 있다. 주 몇 시간을 일했느니, 퇴근 시간이 너무 늦다는 것과 워라밸이 중요하다 또는 중요치 않다 등 한국에서 벌어지고 있는 논쟁들은 사치스러울 수 있다는 생각이 들기도 했다.

지인의 아들이 일요일에 사무실에서 일하는 것은 상사의 눈치 때문도 아니고 누구에게 잘 보이려고 하는 것도 아닌, 생존의 이슈이기 때문이다. 같은 한국인이고 동시대에 MZ세대인데 일하는 나라만 다르다는 것이 이런 차이를 발생시킨다는 것으로 해석하고 '역시 사람은 큰물에서 놀아야 되는 모양이네'라고 단순히 마무리할 상황인지 한번 생각해봐야 한다.

이어지는 지인의 아들 이야기는 더 충격적이었다. 월요일부터 금요일까지 모든 것을 쏟아붓고 일을 해내야 하기에 토요일은 그냥 침대에 누워있다는 것이다. 그래야 에너지가 충전되고 일요일에 나가서 월요일 보고자료들을 만들 수 있기 때문이라는 것이다. 토요일 오후가 되어서야 장도 보고 필요한 것들도 사러 다니고 식당에 가서 밥도 먹고 일상을 회복하는 시간을 갖는 것이 반복되는 생활임을 지인을 통해 알게 되었다.

ⓔ 결국 한국과 미국 기업의 제도와 시스템의 차이로 인한 것인가?

꼭 그렇게 볼 수는 없는 것 같다. 성과주의 인사시스템은 이미 한국기업도 다 갖추고 있고 운영해오고 있다. 물론 저성과자나 하위평가를 받은 사람들을 퇴사시키는 빈도나 적용의 엄격함에서는 미국기업과 비교될 수 없는 것이 현실이다. 오히려 이 제도를 이해하고 받아들이는 인식의 차이가 지금의 현실로 나타나고 있는 것 아닌가 하는 의문이 들기도 한다.

인식의 차이를 깊이 있게 들여다보면 근로의식과 직업관이 약화되고 있는 것이 발견되고 있다. 세대 간의 갈등이라는 것도 깊숙이 성찰해 보면 이 문제가 주원인으로 작용되고 있다고 생각된다. 누군가 왜 현재에 와서 근로의식과 직업관이 약화되고 있는가를 묻는다면 간단히 답할 수 있는 문제가 아니지만, 복합적인 원인이 영향을 미치고 있다고 답하고 싶다. 교육과 정치의 문제, 선진국으로 가는 과정에서 나타나는 현상 등등이 아닐까 생각이 든다. 바다에 떠있는 빙산의 수면 아래를 근로의식과 직업관이라는 가치관이라고 본다면 수면 위에 드러난 빙산의 일부분은 성과주의 인사시스템을 해석하고 받아들이는 리더들과 구성원들의 이슈라고 볼 수 있다.

우선적으로 이들이 성과관리를 위해 수립된 제도와 시스템을 취지와 목적에 맞게 받아들이고 실행하고 있느냐를 검토해보아야 한다. 리더십 측면에서는 평가지표를 객관화시키고 정량화시키는 노력이 더 필요하다고 판단된다. 미국기업의 KPI를 잠깐 볼 기회가 있었는데, 이런 것까지 정량화시키는 것이 맞나 싶을 정도로 구체적이었다. 리더들이 업무 분장을 하고 그에 따라 과제를 부여하고 평가지표로 만들 때 더 신경을 써야 할 필요가 있다. 사전에 목표 합의 면담의 과정을 거칠 때도 더 분명히 소통하고, 짚고 넘어갈 것들은 반드시 짚고 넘어가야 한다. 이것들이 훈련되고 숙달되어야 할 평가관리 스킬 측면이라면, 성과관리에 대한 리더들의 인식과 관점도 함께 성숙되어야 한다. 업적평가의 결과는 서열화로 나타날 수밖에 없음을 인정하고, 과정이 아무리 공정하고 객관적으로 진행되었다고 해도 좋은 평가결과를 얻은 구성원과 기대에 못 미치는 저조한 결과를 받은 구성원의 반응은 다를 수밖에 없으며, 경우에 따라 불만을 표할 수밖에 없음을 받아들여야 한다. 그로 인한 갈등이 발생되어도 예민하게 받아들이기보다는 리더의 역할 중 하나가 평가자임을 재확인하고 감당해 나가야 한다. 좋은 게 좋은 거라는 온정주의는 단기적으로는 통할 수 있어도 시간이 흐르면서 약발도 떨어지고 그에 대한 감사도 사라져 버린다는 것을 잊지 말아야 한다. 특히 MZ들이 평가나 대우의 공정성을 중요하게 생각하고 있다는데, 리더들이 자기식대로 해석해 그래도 너무 냉정하게 원칙대로 평가하는 것보다는 조금 융통성 있게 하는 것이 리더십이라고 판단하는 오류를 범하지 않는 것이 지혜로운 일이다.

반대로 평가의 대상자가 되는 MZ세대에게는 결과를 객관적으로 받아들이는 훈련을 지속적으로 시켜야 한다. 말로 표현하는 것과 달리 자신이 받은 평가결과가 좋으냐, 실망스럽냐에 따라 자기들이 주관적으로 공정함을 판단하는 성향이 있다고 하니 리더로서 분명히 피드백하고 단호함을 보여주어야 한다.

한국과 미국의 MZ세대가 일하는 방식의 차이는 결국 시스템과 제도의 차이도 존재하지만 적용하는 당사자들인 리더와 MZ세대들의 인식이 변화될 필요가 있으며, 주변을 둘러싸고 있는 사회적인 인식도 분명히 함께 변화되어야 한다.

MZ세대를 위한 리더십에 어떤 시사점을 주는가?

만약 한국기업이 미국의 A기업 같이 일을 시키고 1년에 한 번 평가해서 저성과자들을 가차 없이 퇴사시킨다면 아마도 사회적인 이슈가 될 것이고 정서적인 불만들이 터져 나오지 않겠는가?

지금 돌아가고 있는 현실은 '보상은 서양식', '평가나 페널티는 동양식'을 원하는 것 같다. 분명 이중적이고 모순된 잣대를 들이대고 있는 것 같음에도 그냥 굴러가도록 방치하는 것이 아닌가 하는 의심이 들기도 한다. 다들 시대 탓을 하면서, 걱정이라는 한마디를 던지면서, 일은 적게 하고 돈은 그것보다는 많이 보상받는 것이 정서로 자리 잡으려고 하는 한 세대 간의 갈등이나 리더십의 문제는 근본적으로 해결될 수 없다.

그렇다면 리더는 무엇을 준비해야 하는가? 본인들도 익숙한 것을 지속적으로 버리는 노력을 해야 한다. 일과 사생활을 철저히 분리하고 합의된 업무목표를 세밀하고 꼼꼼하게 평가하여 제대로 피드백하는 리더십을 보여야 한다. 저성과자들에게도 냉정하고 단호하게 챌린지할 수 있어야 하고, 너무하는 것 아니냐 하며 온정주의로 회귀하려는 분위기가 있다면 분명히 선을 긋고 일 중심, 성과 중심의 조직관리가 정착되도록 온 힘을 다해야 한다. 한국의 MZ세대도 더 이상 본질적이지 않은 근무시간을 가지고 에너지를 분산시키지 않도록 조직에 기여한 만큼 평가하여 보상하고 차등화하는 성과주의 문화를 정착시켜야 한다. 더는 주말에 나와서 일을 더 해야 하니 누가 나올 것인가가 논의주제가 되지 않도록 해야 한다. 주어진 일을 얼마나 잘 처리하고 그 결과가 조직에 얼마나 기여를 했고 성과로 구체화 되었느냐를 고민하게 하도록 일하는 방식을 바꿔나가도록 리더십을 발휘해야 한다. 그래야 근본적으로 MZ세대에 통하는 리더가 될 수 있고 리더십을 완성할 수 있는 것이다.

혹시 이런 반박 의견이 생길 수 있을 것이다. 우리도 그 정도 연봉을 받으면 주말 없이 일할 수 있는데, 회사가 그 정도 연봉을 줄 수 있는 것이냐, 그것부터가 보장되어야 하는 것 아닌가? 그렇다면 묻고 싶다. 정말 연봉 많이 받고 그런 평가제도하에서 일하려는 갈망이 있는가? 성과에 따라 1년에 한 번씩 아웃되는 위험을 감수할 자세가 되어 있나? 그 정도 연봉이면 주말에도 희생할 각오가 되어 있는가? 정직히 답변해주기 바란다.

출퇴근 시간을 없애자!

출퇴근 시간을 유연하게 하자는 의견은 예전부터 있었고, 코로나로 인해 재택근무가 일반화되었으며, 코로나 종료 후에는 근무시간 유연제라는 이름으로 많이 확산되고 있다. 일찍 출근하면 일찍 퇴근할 수 있도록 주어진 1일 근무시간만 지키면 되게끔 제도화한 것이다. 글로벌 기업으로부터 들려오는 동향을 보면 코로나 종료 후에 상당 부분 재택근무를 중지시키고 사무실로 출근시키는 약간의 강제화 조치를 취하고 있다고 한다. 이유가 무엇인지는 직접 확인하지는 못했지만, 위기의식을 공유하고 구조조정의 준비단계로 활용하고 있지 않나 하는 추측을 해본다. 실제로 최근까지 구조조정을 하고 있는 것을 볼 수 있었다.

출퇴근 시간을 자유롭게 하려는 목적은 무엇일까?

조직 입장에서는 생산성 향상이고, 구성원들 입장에서는 삶의 질이 향상되어 만족도가 올라간다는 것이 일반적인 논리로 알려져 있다. 그런데 언론에서 이에 관해 종종 자유라는 단어가 등장한다. 작년에 IT업종으로 이름이 알려진 기업에서 근무 유연제와 관련하여 여러 가지 시도를 했는데 직원들이 반발해서 중간에 중단한 것들도 있다는 기사를 보았다. 직원들의 불만요인 중 하나는 너무 자주 근무 형태를 바꿨다는 것이고, 그중에 코어타임이라고 하는 요소가 자신들의 자유와 자율을 방해하고 있다고 주장했다.

그런데 이에 관해 실리콘밸리에 근무하는 한국인 프로그래머의 의견은 결이 다소 달라서 소개해 본다.*

해당 유튜버는 자신을 실리콘밸리에 근무하는 프로그래머라고 자신을 소개하고 난 후 왜 실리콘밸리에서 출퇴근 자유화를 하고 있는지 궁금해하는 사람들이 많아서 답을 한다고 서두를 꺼내고 설명을 시작했다. 이유인즉, 프로그래머들이 자신의 생산성을 높이는 방법으로 가장 컨디션이 좋을 때 일에 집중하고, 시간을 자기가 관리할 수 있도록 출퇴근의 제한을 풀게 되었다는 것이다. 자신의 시간을 자신의 상황에 맞게 자유롭게 사용함으로써 자신의 생산성을 최대로 끌어올리도록 회사가 배려해준 것이라는 점이다. 구성원들의 '자유'

---

* 〈실리콘밸리가 출퇴근 시간이 자유로운 이유〉, 홍정모 개발자 (https://youtu.be/olOCMxBKGqM?si=mwnOgEHlfrE0S3zF:)

가 우선순위가 아니라 자신의 '생산성'을 높이고 성과를 잘 내기 위해 근무여건을 자유롭게 풀어준 것이라는 해석이 된다. 물론 동전의 앞과 뒤가 될 수 있다. 삶의 질과 만족도가 높아지면 정상적인 사람이라면 일에 더 몰입하여 성과를 내려는 노력을 하게 된다. 그러나 이 문제로 회사와 갈등이 발생했을 때는 근본적으로 출퇴근 자유화의 목적이 무엇이고 왜 시작되었는지를 다시 확인하는 것이 문제 해결을 신속히 할 수 있기 때문이다.

현재의 본질적인 이슈가 바로 이것이다. 목적과 취지가 퇴색되고 우선순위가 뒤바뀌어 버리면서 원칙이 위협받는 경우들이 자주 발생하는 것이다. 위에서 거론한 수면 위에 드러난 빙산의 일각은 성과주의 인사시스템을 해석하고 받아들이는 리더들과 구성원들의 이슈라고 볼 수 있다. IT기업도 구성원들의 자유를 먼저 내세웠으며, 기업의 생산성 향상과 회사의 성과가 우선 거론되지 않는 것을 보면 유연근무제가 현실에서 잘못 적용되고 있음을 우려하게 된다. 유연한 근무시간 제도라는 회사의 배려가 자칫 당연한 구성원들의 권리로 굳어가지 않도록 회사와 리더들이 올바른 인식을 시키려는 노력을 해야 한다.

우리 기업과 달리 글로벌 기업들은 재택근무를 하든 출퇴근 시간을 자유롭게 하든 긴급하거나 중요한 미팅이 필요하면 팀 리더가 소집할 수 있고 구성원들은 그 소집에 반드시 응해야 한다는 것이다.

ⓔ 출퇴근 시간을 없애기 위한 기본전제

출퇴근 시간을 자유화하기 위해서는 기본전제가 따라야 한다. 조직은 존재 이유, 목적과 목표가 있다. 조직 구성원들의 자유로운 회사생활을 보장하기 위해 존재하고 있는 곳이 아니다. 이와 같은 기본전제가 무너지거나 무시되면 출퇴근 자유화는 조직을 와해시키는 재앙으로 작용한다. 회사의 대표나 홍보책임자들이 경쟁적으로 매력적이고 눈에 확 띄는 근무시간 유연제라든지 하루 8시간이 아니라 4시간만 하면 된다는 현란한 회사 홍보 문구들이 난무하는 것을 보고 있으면 괜히 걱정이 앞선다. 앞서 얘기한 대로 이런 회사의 배려가 당연한 권리로 굳어지면 회사에 큰 위협으로 다가올 수 있음을 알고 있어야 한다.

먼저 이런 제도의 변화는 조직의 성과를 획기적으로 올리기 위해 설계하고 운영해야 한다. 기본 전제는 구성원이 어디에 있든지 개인의 성과관리가 구체적이고 명확하게 평가 가능해야 한다. 이를 위해서는 업무 단위와 목표, 산출물이 측정 가능하고 손에 잡혀야 한다. 객관적으로도 증명되는 일의 단위로 잘게 나뉘어 있어야 한다. 리더의 평가 시점이나 중간 점검시도 분명히 보여져야 한다. 사무실에 있는 구성원을 관리하는 것보다 더 난이도가 높을 수 있기에 리더의 교육과 훈련이 전제되고 제도를 운영하는 것이 시행착오를 줄일 수 있다. 조직의 성과가 우선순위가 되지 않고 자유로움을 통해 구성원의 삶의 질을 높이는 것이 전면에 내세워지면 상황에 따라 제도가 중지

되었을 때 바로 불만 사항으로 바뀌어 버리는 위험이 있다.

병행하여 고려해야 할 것은, 직무에 따라 수위를 조절하며 단계별로 제도화시키는 접근도 필요하다는 점이다. 개인 작업을 주로 하고 분명한 결과물이 나오는 직무부터 진행하는 것이 효과적이다. 예컨대, 프로그래머나 디자이너 등이다. 인사나 경영지원 업무 담당자들은 순차적으로 적용하되 사내 지원 서비스 영역이므로 언제든지 컨택 가능하도록 위치시키는 것이 효과적이다. 주변에 물어보니 그렇게 구분하여 출퇴근 자유화를 시도한다는 답변을 들을 수 있었다. 이 제도가 성공적으로 정착되려면 조직의 성숙도가 어느 정도 갖춰져야 하고 객관적인 평가와 성과관리가 무리 없이 수용되며, 회사의 실적도 지속적으로 향상되는 결과가 보여야 한다는 대전제가 필요했다.

MZ세대에게 효과가 있으려면

MZ세대에게 자유로움이라는 것만 주입되어서는 문제가 될 수 있기에 출퇴근 자유화의 제도에 대한 취지와 목적을 분명히 알려주고 본인들의 생각을 들어보는 시간을 갖는 등 리더가 충분히 워밍업 시간을 주어야 한다. MZ들이 '왜'라는 질문을 잘한다고 하는데 이런 요구에 잘 대응하기 위해서라도 리더는 반복해서 강조할 필요가 있다. 조직에 필요하여 부여받은 개인의 성과를 향상시키고 자기관리 역량을 훈련해야 한다는 것을 강조해야 한다. 출퇴근 자유화가 혼자 맘대로 일해도 된다는 것이 아니고 필요 시 여러 가지 수단을 활용하여 협조와 소통을 하고 협업을 할 수 있어야 함을 명확히 해야 한다. MZ들이 필요하다고 느끼는 경우 지원을 받고 도움을 받아야 하는 선배들이나 타 부서의 관련자들에 대한 네트워크를 설정해서 사전에 공지한다. 필요시에는 사무실 미팅시간을 사전에 정하도록 가이드 해줘야 한다.

출퇴근 자유화를 해도 개인이 다른 동료들의 도움 없이 집중하여 일하면 되는 업무가 아니면 어려움을 호소하는 경우들이 있다고 한다. 예전 같으면 바로 찾아가 미팅을 요청하거나 면담을 하면 될 수 있었던 것이 경계가 없어지면서 그런 것들도 미리 조율해야 하기 때문에 시니어가 아니면 일처리 하는 시간이 더 소요될 수 있다고들 한다. 목표관리를 위해 분명히 KPI를 설정토록 지도하고 사전 면담을 통해 합의를 도출하고 필요 시 지원요청을 할 수 있도록 가이드한다.

출퇴근 시간을 자신들이 자유롭게 정한다는 것이지 리더와 조직의 통제를 받지 않는다는 것이 아니니 긴급 사항이 발생하면 회의를 소집하고 출근 전이라도 연락을 해야 한다. 반드시 지켜야 하고 따라야 하는 공식적인 조치들은 리더가 미리 알려주고 당당히 진행해야 한다. 가끔 배려와 지시를 혼동하거나 섞어서 사용하는 리더들을 보게 되는데, 그것들이 리더십에 마이너스 요인으로 작용하게 됨을 명심해야 한다. 예를 들어, 출근 전에 회의 소집을 알리면서 과도하게 미안함을 표시한다든지 하는 말투는 조심해야 한다.

출퇴근 자유화는 제도의 변화에 앞서 목적과 취지를 분명히 공유하고 과정에서 일어나는 디테일들에 대해서 리더가 분명한 위치를 잡고 이끌어나가야 본래의 취지와 목적을 달성할 수 있다.

자유와 행복은 거저 오지 않는다. 실력이 뒷받침되어서 조직에서 인정받고 시장에서 통하는 프로가 되어야 한다.

실수를 두려워하는 MZ세대를 만들자

MZ세대는 실수를 두려워하는가?

아마도 겉으로는 실수(실패)를 두려워하지 않는 것처럼 보이지만, 속마음은 실수에 대해 더 예민하고 더 두려워할 것이라고 추측한다. 〈"오히려 좋아" 이 말 자주 하는 MZ들…. 실패에 주목하는 이유〉*라는 기사를 보면 MZ들의 속마음을 들여다볼 수 있다.

최근 젊은 세대를 중심으로 '오히려 좋아', '중꺾마(중요한 건 꺾이지 않는 마음)' 등 밈이 유행하는 것은 좌절할 만한 순간에도 긍정적으로 생각하거나 극복하려는 태도를 보인다는 것이다. 몇 년 전까지 '이번 생은 망했다'는 뜻의 '이생망'이 유행했던 것과 대조된다고 서두를 꺼냈

* 《머니투데이》(2023.11.18. 김지성 기자 외)

다. 이어서 전문가들의 의견을 소개하였는데, 이수진 서울대 소비트렌드분석센터 연구위원은 "요즘 젊은 세대는 '오늘 강아지 산책시켰어'와 같은 일상 속 단기 목표를 이룬 것도 성공으로 보고 스스로 위안으로 삼는다"라며 "성공의 기준이 예전보다 다양해졌다"라고 말했다.

반면 겉보기에 낙관적인 내용의 밈을 통해 사실은 자조를 하고 있는 것이란 의견을 내었다. 어려운 현실을 유머로 승화하고 서로 위로하지 않으면 안 될 정도로 현실이 힘들다는 것이다. 이 연구위원은 "오히려 좋아'라는 표현이 실제로 좋다는 게 아니라 '이 정도면 괜찮다'는 생각을 전제로 자조한다고 볼 수 있다"라며 "MZ세대 사이 '실패'라는 단어가 회자되는 것은 이 세대가 실패를 두려워하고 실패에 민감하다는 의미로 해석할 수 있다"라고 말했다.

MZ세대는 리더들이 실수를 지적하면 인정하지 않으려는 성향이 예전 세대들보다 더 강하다고들 한다. 리더들이 많이 참기 어려운 사례가 이런 것이다. 일을 처리했고 그 일이 잘못되었을 때 잘못된 결과에 대해서 피드백을 하면 흔쾌히 잘못을 인정하고 죄송하다는 반응이어야 하는데, 자신은 최선을 다했고 그럼에도 결과가 제대로 나오지 않았다고 좀 억울해 하는 반응부터, 최악의 경우는 많은 일을 하다 보니 시간이 부족했고 지원도 제대로 받지 못한 상황으로 안 좋은 결과가 나왔는데 자기에게만 책임을 묻느냐는 불만 섞인 반응을 한다는 것이다. 기가 찰 노릇이다. 직장은 프로의 세계이다. 돈을 받으면서 하는 일이기 때문에 자기가 하는 일에서 목표했던 결과를 가져오지 못할 경우에는 많이 부끄럽게 생각해야 하는데, 전혀 다른 생각을 하는 것 같다. 그러나 이런 현상만 보지 말고 더 깊숙이 반응에 대한 이유를 들여다보면 실패나 실수를 인정하는 훈련이 안 되었고 자신이 실수했다는 것이 두렵기 때문에 더 반대로 반응하는 것이 아닌가 생각된다. 내가 만나서 대화를 나누었던 MZ들에게도 이러한 현상에 대해 질문하면 자신들이 생각한 바로는 실수를 많이 두려워하고 있어서 그렇다는 대답이 나온다.

실수에 대한 두려움을 없애기 위해서는 지속적인 훈련과정이 필요하다. 내게도 신입사원 시절의 실수들이 있다. 시간이 흘렀지만 별로 기억하고 싶지 않은 일이다. 당시 강당에서 사장단들을 모시고 행사를 진행하는데 괜찮았던 마이크가 "삑~" 소리와 함께 하울링이 난 것이다. 당연히 참가한 사장단들이 놀라고 참가자들도 순간적으로 놀라게 된 사건이다. 물론 바로 조치하여 행사는 계획대로 마무리했지만 내가 속한 조직의 이미지에는 부정적 영향을 줄 수 있는 사건이었다. 정말로 가슴을 치면서 왜 내가 거기서 그런 실수를 해서 조직 전체에 민폐를 끼치게 했는지를 한없이 후회했고, 다행히 좋은 리더를 만나 빠르게 회복되었던 경험을 했었다. 그분은 죄송하다고 하면서 고개를 못 들고 있는 내게 몇 마디를 하셨다. "이미 엎질러진 물이니 빨리 잊어라. 오늘의 실수가 일어난 원인을 확실히 알아야 한다. 다음번에 동일한 상황에서 실수하지 않도록 훈련해라"였다. 그 이후로 임원이 되었어도 대규모의 중요한 행사일 경우 철저히 마이크 상태와 음향을 몇 번이고 사전 체크하는 습관이 생겼고, 학교로 와서 교수 생활을 하면서도 강의장이나 강당에서 실시하는 강의나 세미나 등의 행사 시에도 마이크와 음향상태를 철저히 체크하고 있다. 다행히도 아직까지 마이크로 인한 문제는 다시 발생하고 있지 않다.

왜 실수를 두려워하게 해야 하나?

실수가 두려워지려면 결과에 대한 책임을 지는 책임의식과 변명하지 않고 본인 아닌 사람에게 핑계를 대지 않도록 해야 한다. 실수를 통해 배우고 두 번 다시 그 실수가 반복되지 않도록 훈련시켜야 한다.

실패와 실수에 대해 의미를 좀 더 분석해 보면 다음과 같다.

'실패'란 일단 소단위 프로젝트이든 대규모 프로젝트이든 프로젝트가 종료되었을 때 목표를 달성하지 못했음을 의미한다.

반면 실수는 다시 두 가지로 구분된다. '가치 있는 실수'와 '단순 실수'이다. '단순 실수'는 꼼꼼하게 일 처리를 하지 않아서 생기는 숫자 오기나 오탈자가 있는 문서작성, 납기 지연 등을 말한다. '가치 있는 실수'는 실수를 통해 학습된 교훈이 조직에 경고를 주고 더 큰 위험이 발생하지 않도록 예방주사의 효과를 보게 하는 실수를 말한다. 또 그 실수 덕분에 조직이 시스템을 개선하게 되고 일하는 방식을 달리하게 된 경우들이다.

여기서 이런 반론이 생길 수 있다. 실수(실패)를 두려워 말고 끊임없이 도전하라고 행동규범으로 정하고 교육하는 기업도 있는데, 실수를 두려워하게 하면 누가 어렵고 새로운 일에 도전하겠는가? 한 번의 실수도 용납하지 않는 조직이 결국 사람들을 복지부동이 되게 하고 위험성이 상대적으로 적은 일만 하려고 하는 조직으로 변질시킨다고들 한다고 말이다.

그런 우려도 일리가 있다. 실패를 두려워하지 않고 과감하게 도전해야 새로운 변화와 혁신의 성공사례가 나온다. 그런데 이 말에는 기본전제가 있다. 가치 있는 실수, 가치 있는 도전에 대한 좋지 못한 결과를 용납해준다는 것이지, 당연히 하지 말아야 할 수준의 단순 실수까지도 무조건 품어주라는 의미는 아니다. 리더들이 멋지고 인기 좋게 만드는 언어의 유희에 현혹되면 안 된다. 팽팽한 긴장과 갈등이 벌어져도 안 되는 것은 안되는 것이고 실수한 것은 실수한 것으로 처리해야 한다. 누구도 악역이 되고 싶어 하지 않는다. 누구나 따뜻한 말만 하는 리더 생활을 하고 싶어 한다. 하지만 리더가 져야 할 십자가는 힘들어도 지고 가야 한다. 그래서 리더 자리에 임명된 것 아닌가? 회사가 요구하는 리더의 십자가를 제대로 지지 않고 역할을 다하지 않는다면 더 이상 리더 자리가 필요 없어진다. 우리 리더는 "과정은 봐주지 않고 오직 결과만 가지고 잘잘못을 평가하는 성향이 있어서 일할 맛이 안 나는 것 같아. 내가 얼마나 열심히 했는데 힘이 빠지네" 이런 소리를 직접적이든 간접적이든 듣게 되었을 때 리더들은 어떻게 반응해야 하는가 묻고 싶다. 프로 직장인이 해서는 안 되는 말이긴 하지만 요즘 많이들 듣는 얘기라고 한다. 결과와 성과에 책임져야 하고 실수를 했다면 그것도 책임을 지도록 해야 한다. 허울 좋은 실수를 감싸주고 너무 다운되지 않도록 용기를 북돋아 주고 격려와 지지가 리더가 해야 할 일이라고 교육받았겠지만, 거기에는 실수와 연관된 상황과 맥락이 빠져 있다는 것을 알고 있어야 한다.

MZ세대가 실수에 민감하고 리더의 피드백을 받아들이는 것에 조금 문제가 있다고 하여 직면하지 않고 돌아가는 것은 근본적인 해결책이 될 수 없다. 실수가 발생했는데도 '어쩌라고, 그럴 수도 있지. 열심히 한 과정은 알아주지도 않고' 하는 분위기가 발생되기 시작하면 리더가 마무리하거나 관리하기가 더 힘들고, 자기 일에 책임지는 프로 직장인의 수는 점점 줄어들게 된다. 추가적인 문제도 발생된다. 실수 없이 자기 일을 잘하고 성과를 내는 팀원들은 지치거나 허탈해질 수 있다. 팀 내에 꼭 한두 명 실수가 잦은 팀원이 있어서 마음 착한 리더가 실수 많은 팀원의 일을 일 잘하는 팀원에게 주고 좀 도와주라고 하는 경우도 가끔 생긴다고 한다. 그런데 이렇게 하면 팀 전체가 나가는 진행속도를 방해하게 된다. 실수를 제대로 알려주고 다루는 리더십이 필요한 것이다.

실수를 두려워하게 훈련시키려면 리더가 무엇을 해야 하나

실수를 두려워하게 한다는 것은 주눅 들게 하고 불안하게 만들라는 의미가 아니다. 결과에 책임을 지고 변명하지 않는 프로의식을 갖게 하자는 의도이다. 당연히 실수가 발생하고 목표가 달성되지 않았을 때 그때 리더가 어떻게 반응하고 관리하느냐가 굉장히 중요해진다. 이것을 지혜롭게 처리하지 못하면 오히려 역효과가 날 수 있고,

잘못하면 상호 신뢰에도 금이 갈 수 있다. 그중에 하나가 실수에 대한 여파가 팀원 개인이 아니라 팀 전체에 영향을 미칠 때인데, 이때 리더는 그 책임을 내가 지겠다고 분명히 해야 한다. 그리고 실수에 대한 올바르고 정확한 피드백을 할 수 있어야 한다.

피드백은 6단계로 분류할 수 있다.

1. 사실 중심으로 피드백한다. 도대체 왜 그런 실수를 했냐느니, 이해할 수가 없다 등의 감정 언어보다 실수가 벌어져서 문제가 된 결과에 대해 얘기한다.
2. 애초에 목표 수립했거나 필요가 생겨 지시할 때 공유했던 기대 목표와 아웃풋을 재확인하고 그것과 비교했을 때 달성되지 못한 갭을 구체적으로 검토한다.
3. 달성하지 못한 실수의 원인에 대해 본인의 의견이나 생각을 먼저 물어보고 진술할 시간을 준다.
4. 리더가 바라본 원인에 대해 객관적으로 말해준다. 이때 본인의 의견과 많이 차이가 나는 부분을 집중적으로 설명한다.
5. 어느 정도의 공유가 이뤄지고 나면 동일하거나 유사 상황에서 두 번 실수가 반복되지 않으려면 어떻게 하면 되는지 당사자에게 물어본다. 이번 건을 통해 무엇을 배우고 깨달았는지도 함께 질문한다. 만약 이 부분이 추상적이거나 앞뒤가 안 맞을 경우에는 해당 부분을 한 번 더 얘기해 달라고 요청한다.
6. 마지막 마무리로 그동안 나눈 실수의 원인, 결과 개선안, 느낀 점

등을 종합하여 재확인하고 공유한다. 다음에 더 잘할 수 있을 거라고 격려와 지지를 표현한다. 격려와 지지는 마지막 단계가 적절하다.

이것으로 끝나는 것이 아니고 평가 면담 파일에 주고 받은 내용을 저장해 놓아야 한다. 향후 관리를 위한 것이다. 실수를 감정의 영역으로 다루면 안 된다. 성과관리의 영역에서 관리하고 리딩해야 한다. 리더십의 궁극적인 목표는 구성원들이 실패와 실수를 더 이상 저지르지 않는 수준으로 성장·발전시키는 것이다.

핵심에 집중하는 훈련부터!

스티븐 코비의 《소중한 것을 먼저 하라》(P.132)라는 책에 나오는 스토리가 있다. 세미나에서 어느 강사가 항아리에 큰 돌과 자갈을 채우면서 설명한 예화이다.

시간관리 세미나에서 강사가 강의 중간에 퀴즈라고 하면서 큰 항아리에 돌을 채우며 질문을 한 것이다. 강사는 탁자 위에 항아리를 올려놓고 주먹만 한 크기의 돌이 이 항아리에 몇 개나 들어갈 수 있는지 물어본 후 돌을 항아리에 채우기 시작했다. 돌로 꽉 찬 항아리를 보면서 강사는 항아리가 꽉 찼는지 물어보더니 정말로 꽉 찼다고 생각하느냐고 다시 한번 묻고 나서 자갈 몇 개를 항아리에 쏟아놓고 항아리를 흔들었다. 자갈은 큰돌 틈으로 들어갔다. 강사는 다시 한번 물었다. 항아리가 정말 꽉 찼는지? 이번에는 속지 않은 청중은 항아리는

다 차지 않았다고 답했고 강사는 이번에는 모래를 집어넣고 1리터가 넘는 물을 집어넣었다. 강사가 참가자들에게 말했다. 핵심은 '만약 당신이 큰 돌을 먼저 집어넣지 않았다면 과연 다른 것들을 계속 집어넣을 수가 있었을까'라고 강조했다.

당신의 큰 돌은 무엇인가? 자신이 소중하게 생각하는 꼭 지켜내고 싶은 목표는 무엇인가? 순서가 바뀌면 안 된다. 모래와 같은 소확행을 항아리에 먼저 채우려고 한다면 당신의 목표인 큰 돌은 들어갈 곳이 없게 된다.

조직에서는 소중한 것을 먼저하라는 메시지를 핵심에 집중해야 한다는 의미로 해석할 수 있다. 누가 먼저 핵심에 집중해야 할까? 리더가 먼저 핵심에 집중하는 행동과 의사결정을 할 줄 알아야 하고 그 다음으로 리더가 당연히 자기조직을 그렇게 훈련시키고 만들어가야 한다.

ⓔ 리더가 핵심에 집중하지 못하면 어떤 일이 발생하는가?

조직의 목표와 성과에 집중하지 못하고 그 언저리나 겉포장에 관심을 갖는 눈치를 보이면 부하들은 리더가 관심을 보이는 쪽에 신경을 쓰게 된다. 특별히 리더의 눈치를 살피는 데 소질이 있거나 정치적인 성향을 가지고 있는 부하직원들의 경우 특히 그러하다. 이건 MZ세대도 동일하다. 가까운 예로 리더가 회식을 할 때 의전을 잘 챙기는 구성원을 칭찬하거나 친근하게 대하는 모습을 보여주면 리더의 본심은 그것이 아니었더라도 구성원들을 두 가지 그룹으로 나눠 버리는 결과를 초래한다.

첫 번째 그룹은 리더의 성향에 대한 반감을 지닌다. '어차피 나는 의전에는 센스가 없으니 뭐 열심히 일로 승부해도 소용없겠네' 하는 시니컬한 반응을 보이는 사람들이 모이는 그룹이 만들어진다. 다른 그룹은 경쟁적으로 의전을 잘하려고 기회가 생기면 오버 액션까지 마다하지 않는 모습을 보이기도 한다.

여기 공통적인 사례가 있다. 어느 조직이나 고위층이 해외 지사나 법인을 방문할 때 의전 이슈가 생긴다. 대기업들마다 문화가 다르고 지향하는 의전 수준이 각양각색이라고 들었다. 그래서 회사대표나 임원들의 행동이 중요한 것 같다. 이분들이 해외 법인을 방문하는 목적은 해외사업의 성과를 점검하고 지원해야 할 것들이 무엇인지, 본사에서 내린 전략이 현지에서 제대로 먹히고 있는지 진지하고 솔직하게 방문 미팅을 통해 법인장과 스태프들의 의견을 듣고 판단해주는 것이 핵심인데, 가끔은 의전이라는 비핵심적인 이슈가 본래의 목적을 방해할 때가 있다. 여기서 리더들 중에 의식적으로 의전을 챙기는 사람들도 있지만, 자신들이 미처 의식하지 못하고 해당 법인에서 준비한 대로 따라가다 보면 오해가 생길 수가 있는 것이다. '우리 회사대표는 그 법인에 가서 특정 음식과 장소를 무척 좋아하더라'라는 소문이 나면 본의 아니게 어느 지역을 방문해도 다 그런 절차를 준비하고 진행하려 하기 때문에 회사 대표나 임원들의 방문이 잡히면 논의주제나 성과 리뷰 미팅보다 식사 메뉴와 장소를 잡는 데 더 많은 시간을 투입하는 우를 범해버린다. 그래서 리더 노릇이 어려운 것이다. 스태프에 둘러싸인 리더는 현장의 소리를 듣고 자신의 방문이 어떤 부정적인 영향을 조직에 미치고 있는지 정확히 파악하기가 어렵다. 그래서 더 들으려고 하고 제삼자의 객관적인 시각과 현장 모니터링을 보이지 않게 할 줄 알아야 의도치 않았던 실수를 피하게 된다.

이것보다 더 조직에 치명적인 타격을 주는 예가 하나 더 있다. 누구를 먼저 승진시키느냐이다. 승진 인사가 지나고 나면 말이 조금씩이라도 있는 것이 조직에서는 자연스러운 현상이라고 생각한다. 그럼에도 승진자 중에 의전을 잘한다고 소문난 대상자가 끼어있기라도 하면, 그리고 그것도 한둘이 아니게 되면 구성원들이 바라보는 시각은 싸늘해진다. 특히 승진에 누락된 사람들과 비교했을 때 일의 성과가 좋지도, 절차가 스마트하지도 못하고 그저 의전이 전공이라는 비아냥거림을 받는 대상자가 승진자 자리를 차지하면 더 문제는 커진다. '일로 승부해 보았자 소용 없네'라는 부정적인 뒷담화가 조직을 어둡게 하게 된다. 아무리 회사의 대표나 오너가 기업의 핵심가치를 성과라고 외쳐도, 일하는 방식의 혁신을 주장해도, 승진 인사라는 상징적이고 구체적인 증거를 제대로 보여주지 않으면 공허한 메아리가 되고 구성원들의 믿음을 얻지 못한다. 승진 인사도 핵심 영역이므로 리더는 이 문제에도 관심과 에너지를 집중시켜야 한다. 이를 위해 평소에 개별적으로 평가와 피드백을 축적해 놓아야 한다.

리더는 핵심에 집중하는 훈련을 어떻게 시켜야 하나?

실행해야 하는 일의 성격이 무엇인지, 즉 목적과 목표를 분명히 정의하고 시작해야 한다. 리더 본인도 처음 접하는 일이라면 충분히 일을 지시한 스폰서에게 확인해야 한다. 이 일과 관련된 이해당사자들의 요구가 무엇인지도 반드시 정리하고 명확히 한 후 부하들과 구체적으로 소통하는 시간을 가져야 한다. 이때 아직 정리가 안 된 부분의 질문이 나오면 리더는 솔직히 얘기하고 그 부분은 진행하면서 정리하자고 해야 한다.

예를 들어 고객만족도 조사를 자신의 팀에게 시킨다면 어떻게 지시를 내려야 하나 생각해 보아야 한다. 조사의 목적이 단순히 정례적으로 KPI를 증명하기 위해 하는 것인지, 회사대표의 특별 지시에 의해 실행되는 것인지 분명히 구분해야 한다. 만약 자기조직의 정량적 목표를 증거하기 위한 조사라면 핵심은 공정하고 객관적인 조사방법을 사용하였고 결과가 신뢰도가 보장된 데이터임을 보여주는 것이 핵심이다. 이것을 분명히 하고 조사설계 시 철저히 체크하고 넘어가도록 해야 한다.

대표이사의 특별지시에 의한 고객만족도 조사라면 조사결과를 어떻게 어디에 활용할 수 있는지를 사전 확인하고 결과의 사후관리를 미리 생각하며 조사에 임하는 것이 핵심이 된다. 무조건 열심히 하라고 하고, 이건 사장님의 특별지시이니 반드시 사장님의 기대에 부응해야 한다고만 비장한 메시지를 반복하는 것은 그리 효과도 없고 핵심에 집중시키는 훈련의 성과도 나지 않는다.

만약 단기에 결론을 내지 못하고 프로젝트성의 업무를 진행할 때라면 소수 인원으로 팀을 꾸려서 나가게 될 텐데, 이때 멤버로서 MZ들이 포함되어 자신들의 의견을 내기도 할 것이다. 이때도 그것이 핵심을 건드리거나 방향을 혼란스럽게 할 위험이 없다면 유연하게 받아줘야 한다. 프로젝트 룸 분위기라든지 좌석 배치라든지 토의방식을 개인 작업 후에 전체논의를 진행하는 순서라든지 전자투표방식을 활용해보자고 하면 한번 시도해 보도록 기회를 주는 것도 효과적일 것 같다. 이런 얘기를 일부러 꺼내는 것은 이것이 핵심 이슈에 직접적인 영향을 미치지 않는다고 보기 때문이다. 처음부터 기존의 프로젝트 방식이 존재하니 그 방식에 따르라는 식의 반응을 해서 MZ세대에게 기성세대는 역시 유연하지 않다느니 자신들의 방식만 고집한다느니 하는 불만이 나오도록 할 필요가 없다고 생각한다. 이런 것으로 인해 핵심이나 중요 이슈가 비껴가거나 밀려버리는 우를 범하면 안 되기 때문이다. MZ들의 코드를 맞춘다거나 취향이 달라서 같이 일하기 어렵다는 문제도 핵심에 집중해 일하는 방식을 훈련하고 벗어나지 않도록 한다면 그리 문제가 되지 않는다. 만약 MZ들의 건의를 다 받아줄 수 없다면 분명히 그 이유를 피드백하고, 중요한 것은 성과를 내고, 최종 보고해야 할 스폰서가 오케이 해야 하는 것임이 핵심이라는 것을 강조해야 한다.

프로의 세계에 MZ는 따로 없다

훈련의 룰에는 예외가 없다

프로선수들이 반드시 달성해야 할 경기운영 능력과 필요 체력은 반드시 통과해야 할 측정 기준치이기 때문에 MZ선수라고 하여 훈련 강도를 조절해주거나 시간의 융통성을 적용해 주지 않는다고 한다. 실제로도 영국 프로축구에서 뛰는 한국 선수들의 훈련 장면을 다큐멘터리식으로 소개하는 방송에서 이를 증명하고 있었다.

해당 사례는 토트넘의 손흥민 선수와 울버햄튼의 황희찬 선수였다. 계획된 프로그램과 시간에 따라 한치의 오차도 없이 훈련이 강행되는 것을 볼 수 있었고, 체력테스트는 주기적으로 하며, 스타플레이어에게도 예외는 없었다. 프로의 생명이 경기를 뛰는 체력이고, 그것이 약해졌을 때 선수로서의 위기가 찾아온다는 것은 전문가가 아니라도 알 수 있다. 아마도 힘든 훈련이기에 좀 즐겁게 하도록 여러 가지 다양한 방법은 활용하는 것 같으나, 본질인 경기력과 체력훈련의 필요 시간은 정해진 대로 진행된다. 오히려 오버하여 선수들을 지치게 했다는 비판이 언론을 통해 나오는 것을 보면 철저히 프로클럽에서 정한 룰대로 훈련시키는 것 같다. 세대와 나이, 인종과 취향은 본질적인 이슈가 아님을 알 수 있다. 프로선수가 되기 위해 축구클럽에 몸 담았고, 어떻게든 몸값을 실력과 팀 기여도로 증명해내야 살아남으며, 축구선수로서 수명을 연장해 나갈 수 있기 때문이다. 자신이 원하는 연봉과 미래를 보장받기 위해 소속팀에 자신의 존재와 가치를 증명해 내야 하는 것이 프로 선수의 숙명이다.

프로축구선수의 예를 들었지만, 직장인도 엄연히 아마추어가 아니고 프로임은 분명하다. 자신의 성과에 따라 연봉과 성과급을 받고 업적에 따라 승진을 하는 시스템에서 일하기 때문이다. 소속 회사에서 일하고, 주어진 일을 잘하여 목표를 달성하고, 회사의 실적과 성과에 기여하라고 월급을 받는 것이다. 그렇다면 제대로 월급 값을 해야 한다.

회사의 훈련 방식과 강도가 자신에게 맞지 않다면 한번 생각을 해보아야 한다. 이 방식이 나의 역량을 제대로 발휘하지 못하게 하고 있고 잠재력을 더 키워나갈 수 없게 하는지, 아니면 방식의 문제보다는 자신이 이 방식에 익숙하지 않아 적응하고 있지 못하고 있는 건지 냉정하게 돌아봐야 한다.

프로축구 선수들도 팀을 옮기면 훈련 방식이나 문화 등이 서로 달라 적응 기간을 필요로 한다. 그래도 자신이 옮긴 팀의 훈련 방식이 문제가 있거나 적응하기 어렵다고 불만을 표출하는 프로선수들은 아직까지 보지 못했다. 리더들이 자신의 회사의 핵심영역이 무엇인지 객관적으로 알고 있는 상태에서 일하는 방식과 훈련 방식이 MZ세대에게 효과적으로 작동되도록 조금씩 조정해주는 것은 있을 수 있다. 하지만 MZ세대가 우리 회사의 핵심영역까지를 알지도 못하면서 무조건 바꾸어야 한다든지 하는 압박감을 갖는 것은 본질과 비본질적인 영역을 구분치 못하고 헤매고 있는 중임을 빨리 간파해야 한다.

ⓔ 리더는 어떻게 MZ세대를 훈련시켜야 하나?

주당 50시간을 초과했느니, 주말에 나오라고 할 수 없어서 팀장과 임원이 대신 나와 일을 마무리한다든지 하는 이슈는 본질적인 것이 아니다. 그것을 가지고 에너지를 소모해서는 안 된다. 그 영역은 정치와 법 규제의 영역이므로 리더들이 어찌할 수 없는 것이다.

관점을 전환하여 성과관리의 영역으로 눈을 돌려야 한다. 프로축구선수가 왜 주말인데 경기를 해야 하느냐, 훈련이 왜 주말에 잡혔느냐, 가족은 언제 보라는 것이냐면서 불만을 표출하는 것을 본 적이 있는가? 아마 없을 것이다. 목적과 목표를 분명히 하고 그에 다른 평가와 보상을 확실히 할 필요가 있다. 성과주의 인사제도는 있지만, 세부적인 적용이 아직 완전하게 이뤄지지 않음을 알고 있다. 이제부터는 완전한 적용을 위해 리더들이 온 힘을 기울여야 한다. 리더들에게 주어진 마지막 수단이기 때문이다. 자꾸 근무 강도가 너무 세다는 말이 나오면 근무 강도를 약하게 하려는 조치를 하려고 하지 말고, 정말 근무 강도가 벅차서 그러는지, 아니면 핵심업무에 집중하지 못하게 무언가가 장애 요소로 존재하는지를 깊숙하고 신중하게 들여다보아야 한다. 업무 분장과 목표합의를 할 때도 제대로 분배되었는지를 재확인하고, 주기적이고 지속적으로 모니터링도 해야 한다.

이런 얘기를 강의 때 하면, 리더들은 이미 다 하고 있는데 뭐 좀 다른 방법은 없냐고 질문한다. 그런 반응이 오면 반드시 다시 질문한다. 정말로 잘하고 있는가? 팀원들 모니터링과 현재 어디까지 와있는지, 뒤로 조금씩 쳐지고 있는 인원은 없는지 다 파악하고 있는지, 이렇게 질문하면 보통은 주춤하면서 완전치는 않지만 평균적으로는 다 파악하고 있다고 잠깐 물러선다. "평균적으로 파악하고 있으면 근무 강도가 세다는 문제를 해결할 수 있는가?"라고 질문하면 그제서야 곰곰이 생각한다.

자신이 맡은 팀의 목표가 조정되지 않는 한 근무 강도를 조정한다고 하여 문제가 해결되지 않는다. 목표의 난이도에 따라 오히려 시간을 더 투입해야 하는 상황도 발생한다. 그때는 어떡할 것인가? 내 경험으로 대기업에서 조직 생활을 오랫동안 해오면서 한 번도 충분한 인력을 받아서 조직을 꾸려간 적이 없었던 것 같다. 매년 희망을 가지고 내년에는 인력이 보충되겠지 하면서 팀원들에게 조금만 참자고 독려했던 기억만 난다. 그런데 시간이 흐르면서 일의 노하우가 축적되고 일 처리에 익숙해지고 팀원들이 훈련되면서 업무의 우선순위를 명확히 하고, 없애도 될 것들을 묶어서 쳐내버리고, 사전 조치할 사항을 미리 골라서 정리해 버리니 그 인원으로 버텨나가게 되는 신기한 경험을 한 적도 있다.

이 시점에서 리더가 분명히 해야 할 것이 있다. 징징대는 팀원들의 힘들다는 소리에 주눅이 들거나 마음을 뺏겨 본질적인 영역을 비본질적인 영역과 바꾸지 않도록 인내하고 뚝심과 강단 있게 본질을 사수하는 것이다.

본질은 조직이 존재하는 이유이다. 조직은 목표를 달성해야 하고 주어진 임무를 완수함으로써 소속 회사가 생존하고, 생존을 넘어 성장·발전한다는 것이다. 이것을 지켜내지 못하면 팀과 리더는 계속해서 존재 가능하지 않을 수도 있다. 혹시 너무 살벌하다고 느낀다면 리더로서 다시 생각해봐야 한다. 이것을 완수하려고 하는 과정에서 근무 강도가 세니, 일하는 방식이 보수적이니 하는 비판을 받는 것이다.

본질적인 임무를 완수하기 위해서라는 전제하에 근무 강도가 세게 느껴지는 원인을 파악하고, 일하는 방식에 보수적이고 일방적인 소통이 주요 원인인지 치밀하게 살펴보고, 개선 가능한 부분을 고민하고 해결해 주면 된다. 근무 강도가 세다는 말에는 정말 점심 먹을 시간조차 빡빡한지, 점심시간 다 활용하고 중간중간 커피와 잡담 시간이 섞여서 시간이 모자라고 있는지를 객관적으로 체크해야 한다.

괜한 사회 분위기와 언어의 유희를 사용하시는 전문가답지 않은 강사들의 한마디에 기성세대와 기성조직이 변해야 한다는 압박감으로 뭔가 MZ세대에 맞는 방식을 고안해내야 한다고 시간을 낭비하지 않으시기를 바란다.

이렇게도 생각해보라. 만약 당신이 리더로서 요즘 세대 일 시켜 먹기 힘든데 괜히 얘기해서 속상하기보다는 속 편하게 내가 해버리는 것이 나은 방법이라고 판단하여 그냥 자신이 해버린다면 그들에게 회사가 주고 있는 월급값을 제대로 활용하지 않고 낭비하고 있는 것이다. 가게에 들어가 물건값을 지불하고 그냥 나오는 것과 같다고 생각한다. 너무 오버라고 생각하지 말고 진지하게 생각해 보기를 권면하고 싶다. 더 최악은 일을 통해 도전과 성장의 기회를 주어야 함에도 그냥 리더가 싫은 소리 하기 싫어서 또는 이상한 반응을 보기 싫어서 일을 안 시킨다면 그 친구에게 기회를 박탈해버리는 실수를 범하는 것이다. 사실 리더로서 가장 가혹한 체벌은 팀원에게 일을 주지 않는 것이다. 조직 내 좀비로 만들어 버리는 잔인한 조치이다.

결론적으로, MZ세대를 대할 때 리더는 본질과 원칙을 본인이 한 번 더 체화시키고 난 후 당당히 대하되, 안 되는 것과 인내하고 참아내야 할 것을 분명히 구분해 소통해야 한다.

MZ선원은 배와 함께 산화하려는 선장의 뒤를 따른다!

"선장은 배와 함께 죽는다"

타이태닉호의 선장 에드워드 존 스미스는 침몰하는 배 안에서 물이 차오르는 조타실을 떠나지 않고 방향키를 잡다가 물에 쓸려가서 사망했다. 또 역사상 가장 큰 전함인 일본의 야마토(大和)함 함장이었던 아루가 고사쿠(有賀幸作)는 침몰하는 배에 자신의 몸을 묶어 함께 죽었다는 설이 회자되기도 한다. 그리고 배와 함께 드라마틱한 삶의 최후를 맞이한 선장들의 모습에 매력을 느꼈는지 이런 장면들이 영화 속에서 재현되기도 하고, 대중들에게도 깊이 각인되게 되었다.

심지어 영미권에서는 선장이 자기 책임을 다하고 탈출하는 것을 일종의 의무로 여긴다. 아예 관용화된 문장이 있는데 "The captain goes down with the ship(선장은 배와 함께 죽는다.)"라고 한다.

그러다 보니 간혹 이 구절을 말 그대로 해석하면서 선장은 배가 침몰하면 비록 탈출해서 살 수 있을지라도 그래서는 안 되며, 반드시 배와 함께 죽어야 한다고 주장하는 사람들이 있는데, 사실 절대로 그런 뜻은 아니라고 한다. 단지 배가 침몰할 정도의 위기 상태면 선장은 총책임자로서 승객 대피 및 미처 피난하지 못한 승객이 있는지 살피는 등 자신의 책임을 수행해야 하다 보니 필연적으로 마지막에 탈출할 수밖에 없고, 이렇다 보니 침몰 사건에서 선장의 사망률이 높게 나오는 것이라 생긴 오해라고 한다.

애초에 승객 대피가 완벽히 이루어져도 구조되기까지 인원 파악과 휘하 승무원 지휘 등 전반적인 통솔을 해줄 책임자는 기존부터 그 역할을 맡아온 높은 위치의 책임자일수록 효율적이기 때문에 통솔과 사후 사고에 대한 파악 및 진술 등을 위해서라도 선장은 살 수 있다면 사는 게 좋다고 한다.

그러나 실제로는 끝까지 배에 탄 선원과 승객을 마지막까지 최선을 다하여 살리는 것을 강조하는 역설적인 표현을 "선장은 배와 함께 죽는다"와 같이 한 것이고, 이는 선장이 자기 배와 관련하여 모든 것을 책임지는 책임의 끝판 왕이라는 것을 의미한다. '배가 침몰하는 위기상황에 선장은 끝까지 우리를 위해 조치를 하고 책임져 줄 거야'라는 선장에 대한 믿음이 있는 선원과 승객은 선장의 지시를 따르고 질서 있는 대피를 함으로써 대형사고를 막게 된다.

왜 갑자기 이런 문장을 인용하면서 리더십을 얘기하려고 하는가 궁금할 것이다. 리더는 항상 잘나가고 승승장구하는 상황에서만 리더 역할을 수행하지는 않는다. 그러나 어떤 리더도 어려운 여건에서 리더십을 발휘하는 것보다는 무난하고 회사 실적도 좋고, 적어도 향후 3년간 밝은 미래가 예측 되는 조직에서 리더 생활을 하기를 원한다.

ⓔ 리더가 절박한 마음을 공유하면 생기는 효과

난세에 영웅이 난다고들 한다. 회사에서도 위기에 닥쳤을 때 리더들에게 위기를 극복할 영웅이 되기를 기대한다. 1997년 IMF를 과장으로서 경험했던 나로서는 위기극복과정에서 탁월한 리더들이 얼마나 중요한 역할을 해내는지 볼 수 있는 기회를 가질 수 있었다. 그들이 온몸으로 밀려오는 엄청난 위기의 파도를 막아내면서 절박하고 절실하게 회사의 정상화를 위해 전 구성원과 어떻게 함께했는지를 직접 체험한 바 있다. 이때 정말로 많이 인용되었던 것이 이순신 장군이 썼던 짤막하지만 강렬한 문구 "살려면 죽고, 죽으려고 하면 살 수 있다"였다.

말로만 외치는 것이 아니고 자신도 정말 힘들지만 솔선해서 앞장서려고 했던 리더들도 있었던 기억이 난다. 이런 리더 밑에 있었던 조직 구성원들은 밖에서 봐도 똘똘 뭉치는 응집력을 보여주었고, 실제로 시간이 흐르면서 위기를 극복하는 것을 지켜볼 수 있었다.

배와 함께 장렬히 전사하겠다는 선장의 마음을 조직 구성원과 공유하고 직접 보여주면 조직 구성원은 리더와 함께 어려움을 참아내고 극복하려고 한다. 물론 100% 전 구성원이 이렇게 따르지는 않는다. 제 살길 찾아서 조직을 탈출하는 사람들도 있다. 그렇지만 대다수의 구성원들이 위기극복에 몰입하기 시작한다. '그때는 그런 가치나 조직에 대한 도리를 교육받은 세대이니까 그런 것이 통했겠지만 지금 MZ들이 얼마나 계산이 빠른데 위기극복에 동참하겠는가'라고 반문하는 의견도 있을 것으로 예상한다. 오히려 나는 MZ세대에게 선장으로서 장렬히 배와 함께하겠다는 진심이 더 잘 먹힐 것이라고 생각한다. 근거로는 누가 시키지 않아도 본인들이 마음으로 받아들이면 새벽이든 가리지 않고 시간에 관계 없이 붉은 악마로 월드컵에 길거리 응원을 하는 것과 '국뽕'이라는 현상에 가장 적극적인 세대가 그들이기 때문이다. (최근에 발생한 아시안컵 4강경기 전에 벌어진 손흥민 선수와 이강인 선수의 충돌과 하극상 이슈에 대해서도 커뮤니티나 유튜브에 올리오는 MZ세대의 반응을 보면 대부분 원칙과 규율을 어긴 것에 대해 비판하고 있다. 수평적인 문화를 지향해야 하는데 젊은 선수들이 탁구 칠 수도 있지 뭘 그런 것에 군기를 잡으려고 했나, 그래서 불필요한 충돌을 만든 것 아니냐는 반대되는 의견은 거의 찾아볼 수가 없었다.)

왜 그럴까 생각해 보면 바로 답이 나온다. 손흥민이라는 바르고 정직하고 헌신적인 선수가 사건의 중심에 있기 때문이다. 리더도 마찬가지라고 생각한다. 리더의 진정성과 희생정신, 실천하는 모습을 보여준다면 마음을 열고 받아들이지 않을 MZ세대 직원은 별로 없을 것이다. 물론 예전과 비교하여 받아들이는 비율이 조금 줄어들 수는 있겠지만.

난세에 영웅이 난다는 것을 현실적으로 해석해 보면 정상적인 사업환경에서 성과를 내고 실적을 올리는 것도 잘하는 것이지만 사업 환경이 악화되고 경쟁 상황이 자사에 불리해질 때, 설상가상으로 지원받을 수 있는 예산마저 확보되지 않는 정말 어렵고 힘든 상황에서 목표를 달성해내는 것은 진짜 실력이 있는 리더인 것이다. 경제가 잘 돌아가고 기업들의 경영 여건도 좋아지면 사실 평균만 하더라도 목표 달성과 성과를 내는 것이 가능하다. 이때는 어떤 리더가 정말 에지(edge)가 있고 내공이 있는지를 바로 구별해내기가 어렵다. 기업과 조직이 어려움을 겪고 나야 진정한 실력자를 발견할 수 있는 계기가 된다고들 한다. 이것을 통틀어서 조직에서는 "난세에 영웅이 난다"라고 표현하는 것이다.

ⓔ 배와 함께하겠다는 선장의 마음을 계속 가지고 있어야 한다

배와 함께 하겠다는 비장한 마음을 가지고 조직 구성원과 함께 배의 침몰을 막고, 즉 위기극복에 성공하여 조직 정상화에 성공한 리더에게 시험이 찾아올 수 있다. 시험에 들지 않으려면 초심을 잃지 말아야 한다. 난세로 인해 영웅이 된 리더가 승진의 욕심이 생기거나 '내가 이 정도로 조직을 살려 놓았는데 내게 뭐가 보상으로 주어진 거지?'라는 은근한 서운함이 문제가 된다. 그때부터 초심을 잃고 자신의 업적을 포장하거나 어필하려는 하는 모습이 구성원들에게 보여지는 순간 리더십의 권위가 손상될 수 있다. 리더에게 승진은 목표가 아니라 리더십을 잘 발휘하여 조직과 구성원을 성장, 발전시킨 대가이고 결과로 따라오는 것이라고 받아들여야 한다. 리더의 승진을 위해 자신이 이용당한다는 섭섭함을 구성원들에게 주는 것은 조심해야 한다.

또 하나 주의할 것이 있다. 절박한 마음이 상황이 호전됨으로써 풀려 버리는 것이다. 어려운 시기에 신중했던 일 처리나 의사결정을 자유도를 높인다는 명목으로 제대로 절차를 지키지 않거나 실수를 눈감아주는 이상한 관대함을 보이면 기본적으로 가져가야 할 조직의 긴장감을 와해시키게 된다. 그래서 리더는 항상 자신이 했던 말과 강조했던 것을 스스로 지키고 있는지 돌아보고 현 조직의 상황을 모니터링 하는 상시 노력을 해야 한다. 이렇게 중심과 일관성을 보여주는 리더에게 MZ세대가 따르지 않을 이유가 없다고 생각한다.

내가 먼저,
너와 함께,
우리 모두 함께의
구호를 외쳐라!

왜 지금 이 구호인가?

이 시대가 더 필요해진 구호는 "내가 먼저, 너와 함께, 그리고 우리 모두 함께"이다. 없었던 개념이 아니다. 전혀 새로운 개념도 아니다. 임원으로 직장생활을 해나갈 때도 무수히 강조했고 이와 관련된 교육도 과정을 개발하여 전 리더들에게 교육했던 기억이 난다.

그런데 MZ세대를 위한 리더십을 논하면서 왜 다시 이 주제를 꺼내는가 궁금할 것이다. MZ세대들에게 더 필요하고 리더들도 이 개념을 다시 리마인드하며, 리더십에 적용하려는 노력을 시작해야 한다. 조직은 시대의 변화에 관계 없이 밑바닥에 흐르는 원리와 원칙이 있다. 다만 환경과 상황에 따라 강조점이 달라지고 용어를 달리 사용하는 경우는 있지만, 잘나가는 조직, 오랜 기간 생존하면서 성장하고 있는 조직에는 진리 수준의 운영원칙이 퇴색되지 않고 살아 숨 쉬고 있음을 쉽게 찾아볼 수 있다.

다시 기본으로 돌아가야 할 때이다. 이렇게 얘기하면 '미래를 준비해야 하는 시점에 과거로 회귀하자는 것인가'하고 의문을 품을 수 있지만, 과거도 과거 나름이다. 원칙과 원리는 시간과 관계없이 현재에도 작동되고 있다. 한때 애자일(Agile) 조직이 되어야 한다고 기업마다 관련 프로젝트도 많이 했던 것으로 기억하고 있다. 현재진행형인 조직도 있겠지만, 결국 일하는 방식을 변화하는 환경에 신속하게 대응할 수 있도록 조직의 시스템과 의사결정 방식을 바꾸려는 시도가 주요 관심사였다.

그러나 하드웨어의 혁신도 필요하지만, 주체가 되는 리더와 구성원들이 바뀌지 않으면 변화의 성과는 쉽게 나오지 않는다. 여기까지는 다 알고 있고, 과거에 직접 경험해보았고, 지금도 겪고 있을 것이다.

그럼 애자일 조직이 신속한 의사결정을 할 수 있으려면 어느 부분이 달라져야 하는가? 다른 영역은 다 제외하고 사람의 영역으로 초점을 맞추면 의사결정하는 리더와 보고하는 구성원들이 달라져야 한다. 구성원들은 환경과 상황 변화를 빠르게 잡아내야 하고 정보 수준으로 가공하여 리더에게 신속히 보고할 수 있어야 한다. 변화를 센싱하는 역량과 관점을 보유하고 있거나 훈련받아야 하고, 이를 위해 교육 기회가 제공되어야 한다.

이 구호를 3단계로 나누어 보면, 1단계는 "내가 먼저", 2단계는 "너와 함께", 3단계는 "우리 모두 함께"로 나눌 수 있다. 먼저 각각의 단계에서 리더가 먼저 고려하고 변화되어야 할 것은 무엇인가?

1단계에서 리더는 본인이 자신에 대한 이해를 바탕으로 올바른 자아의식과 자존감을 분명히 갖추도록 해야 한다. 리더 스스로가 임파워 되어야 한다.

2단계인 "너와 함께"는 1단계를 바탕으로 "내가 먼저"라는 솔선수범이 뒤따라야 하고 자신의 부하들 개개인에게 신뢰와 믿음의 관계성을 구축해야 한다. 예를 들면, 언행일치를 한다든지 부하들의 실패에 대해 책임져 주는 행동들이다.

마지막 3단계는 "우리 모두 함께"의 실천이다. 리더는 팀으로 일하게 하는 사람이고 지속적으로 팀의 역량을 개발시키고 훈련시키는 자리에 있다. 따라서 팀의 시너지를 최대치로 끌어올리는 것이 곧 팀의 성과를 올리고 결과적으로 전체 조직의 성과에 기여하게 되는 것이다. 좀 더 구체적으로 각 단계에서 리더가 취해야 할 전략이나 행동들이 어떤 것들인지 알아보자.

내가 먼저!

리더가 솔선수범하고 언행일치하는 모습을 보여야 한다. 하지만 말처럼 그리 쉽지 않다. 솔선수범은 행동으로도 보여줘야 하지만 사용하는 언어로도 보여줘야 한다. 조직이나 팀에 불평불만 하지 말라고 강조하면서 자기는 경영 회의에서 꾸지람을 당하고 왔다고 하여 팀원들 앞에서 경영진들을 비난하거나 투덜대는 모습을 보여서는 안 된다. 그건 혼자 있을 때 하면서 스스로 풀면 된다. 타 팀과의 조율이나 협조가 기대목표에 비추어서 제대로 성사가 안 되었을 때도 팀원들 앞에서 타 팀 리더와 그 팀을 싸잡아서 비난하면 속은 시원할지 몰라도 자기 팀에 미치는 부정적인 영향은 피해 갈 수 없다.

리더도 한 인간이다. 자신을 객관적으로 이해하고 인식하는 노력이 우선되어야 한다. 그러나 현실은 그리 녹록지 않다. 그럴만한 여유가 주어지지 않는다. 임원 생활을 하면 더욱 그러하다. 공식적인 행사나 저녁 약속이 잡히게 되고, 심하면 1주일 내내 행사나 저녁 약속에 시달리기 때문이다. 그래서 회사 차원에서 리더들에게 자신을 성찰할 수 있는 교육 기회를 의도적으로 제공할 필요가 있다. 번아웃되면 판단이나 결정을 그르칠 수 있기 때문이다. 리더들도 리더이기 전에 자신의 인생 목표를 점검해 보고 자신의 가치도 돌아보는 시간을 확보해야 한다. 직장에 출근하여 오직 조직의 성과와 문제해결에 몰두하고 팀원들과 소통하는 데 집중하다 보면 자신의 존재 이유를 잊어버리게 된다. 이를 방지하기 위해 리더들도 인생 목표를 재점검하고 인생 설계도를 업데이트하면서 동시에 일상활동 진단도 한 번씩 해봐야 한다. 1주일간 그 안에서 하루 중 어느 영역에 가장 많은 시간을 투입하고 있는지도 확인해 보아야 한다. 리더의 멘탈 관리가 우선 되어야 "내가 먼저"를 시작하고 성공적으로 실천할 수 있다.

너와 함께!

내가 먼저를 통해 자신을 이해하고 정체성을 분명히 한 리더는 상대를 이해하는 데 주의를 집중해야 한다. 나를 이해하고 너를 이해하는 순서를 거치면서 상호 신뢰의 기반을 다지고 함께 신뢰의 장으로 나갈 수 있게 된다. 상대방의 행동 특성을 이해하기 위한 모델과 진단은 무수히 많다. 요즘 방송에서도 뜨고 있는 MBTI를 포함해서 쉽게 사용 가능한 성격 진단 도구는 리더들이 부하들을 이해하는 데 활용하면 된다.

여기서 주의해야 할 것은 대인관계 유형까지를 함께 고려해야 한다는 것이다. 즉 팀원이 개인으로서의 특성도 있지만, 직장 그리고 팀이라는 조직에서 본인이 타인과의 관계성에 영향을 받는다는 맥락에서 행동들을 이해할 수 있어야 한다. 나의 사례를 든다면 조직에서 리더라는 역할을 수행하기 위해 고객과 이해관계자를 만나게 되고 그 자리에서 분위기를 살리기 위해 농담도 하고 적극적인 반응을 하는 것인데 같이 만남을 가졌던 사람들은 내가 사교적이고 외향적이라고 느꼈다고들 반응한다. 그러나 사실은 그런 자리를 즐기지 않는 편이며 에너지를 충전하는 방법은 주말에 혼자 집에서 멍하니 거실에 앉아 TV를 시청하거나 음악을 듣는 것이다. 어떤 경우는 주말 내내 외출 없이 집에만 있는 경우도 꽤 많았다. 이렇듯이 리더가 부하들과 신뢰 관계를 맺고자 할 때 팀원들이 처한 맥락도 함께 고려해야 한다는 것이다.

"너와 함께"를 실천하기 위해서는 부하들과 나의 다른 점도 인정해야 한다. 그 다름을 공감해주는 노력도 해야 한다. 공감에 바탕을 둔 유연성도 함께 발휘되어야 가능해진다. 인간은 자기가 접하는 상황과 환경의 변화에 적응하기 위해 자신의 반응이나 행동을 교정해 나간다. 그렇다고 본질적인 변화가 일어난다고 보기는 어렵다. 남자들은 다 경험하는 군에서 제대하고 아침 점호시간에 맞춰 자동으로 눈이 떠지는 습관이 결국 몇 개월 못 가고 다시 아침에 일어나는 시간이 불규칙해지는 경험을 말하는 것이다. 지인의 딸에 대한 사례도 있다. 가까운 지인의 딸은 결벽증에 가깝게 항상 침대보와 이불을 각이 나올 정도로 정리정돈 한단다. 이게 흐트러지면 난리가 난다고 지인은 엄마로서 걱정이 굉장히 컸다. 그런데 딸이 취업하여 직장에 출근하며 이 결벽증은 자연스럽게 없어졌다고 한다. 행동 스타일이 상황과 맥락에 영향을 받는다는 증거이다.

우리 모두 함께!

팀워크를 형성시키고 팀으로 일하게 하고 팀 시너지를 극대화시키는 것이 "우리 모두 함께"의 목표이다. 개인으로 일할 때도 성과를 잘 내고 팀으로 합쳐져 공동작업을 하거나 집단지성을 모으는 미팅을 하면 더 빠르고 업그레이드 된 결과물을 얻게 되는 것이 팀워크이고 팀 시너지 효과라고 말한다. 이를 위해 리더는 어디서부터 시작해야 하는가? "너와 함께" 단계를 통해 리더와 팀원 간 상호이해를 바탕으로 신뢰가 쌓인 상태에서 목표를 분명히 하고 팀의 목표 달성을 위해 개인으로 목표를 명확하며, 구체적으로 배분하여 KPI를 리더와 팀원 간에 공유와 합의하고 나면 본격적인 "우리 모두 함께"에 돌입한다.

리더는 성과관리를 해야 한다. 업무수행명세서를 재확인하고 개인별 목표 달성을 위해 긍정적 강화와 사안별 지도와 피드백을 적절한 타임에 실시한다. 성과관리를 마무리하기 위해 성과 평가와 보상을 공정하고 객관적으로 실시한다.

이렇게 한 사이클을 도는 것이 MZ세대들에게 리더십을 발휘하는데 여전히 유효함을 상기시키고 싶다. 결국 3단계가 리더십의 본질이고 핵심영역이 된다.

Chapter.3

성과를 창출하는 MZ 직원 용병술

리더십의 Trade-Off : 리더의 외로움과 갈등관리

리더십은 둥그런 공과 같고 장님이 코끼리 더듬듯이 각자의 위치와 관점에 따라 조금씩 해석을 달리하며 우선순위를 결정하는 방식도 달라진다. 어찌 보면 리더십은 모호한 개념일 수도 있다. 그래서 리더십 이슈도 공통영역이 있지만 다양하고 깊이의 차이가 존재하는 것 같다.

리더십의 구성을 심플하게 보면 리더의 마인드셋, 마음가짐, 철학, 스킬과 보유역량으로 볼 수 있다. 이것의 차이가 리더십 발휘의 영향력과 결과의 차이를 초래하기 때문이다. 이것들이 자신이 담당하고 있는 조직의 목표 달성과 성장, 발전과 Alignment가 되어야 하는 것은 가장 중요한 지점이다. 아무리 역량이 있고 똑똑해도 자신만을 위해 리더십을 발휘한다면 소용이 없다. 리더가 스포트라이트를 받기 원하고 주인공이 되기를 선호하는 경우, 조직은 사조직화 되고 주변에는 리더의 비위를 잘 맞추는 사람들로 가득 차버린다. 조직의 성과가 받쳐줄 때는 문제로 드러나지 않지만 조직의 성과가 악화되기 시작하면 이것이 표면으로 드러나게 된다. 그런 순간에 아이러니하게도 그런 리더가 외로움을 타게 되고 이상한 방향으로 대응하려고 한다. 현실을 직시하고 책임을 지려 하지 않고 부하 탓을 하고 빠져나갈 방법에 집중하며, 좋은 얘기만 하는 부하들을 가까이하며 해결해 나가려 한다. 잘못된 방안이다.

리더십의 목표와 상호작용

외로움을 받아들이든 피하려고 하든 간에 리더십의 목표는 동일하다. 리더십은 리더가 조직의 목표를 달성하기 위해 조직과 구성원에게 영향을 미치는 것이다. 그 영향을 어떻게 미칠 것인가가 리더십 스타일이 될 수 있는 것이다.

따라서 결국 리더십은 자기가 처해 있는 상황과 맥락, 그리고 환경을 먼저 이해하고 파악할 수 있어야 한다. 리더십의 성과에는 리더와 구성원의 상호작용이 어떻게 일어나는가가 중요한 변수가 되기 때문이다. 리더십 원칙과 원리는 쉽게 접할 수 있어도 '리더십 매뉴얼'이라는 제목의 책은 쉽게 발견되지 않는 이유이기도 하다. 어느 상황에서 리더십이 성과를 거두었다고 다른 맥락의 조직에서도 동일하게 성공을 거둔다고 장담할 수가 없는 것이다. 해외법인장들의 사례가 잘 설명해주고 있다. 예를 들어 멕시코에서 성공한 법인장이 승진하여 중국법인을 맡으면 바로 성과를 내거나, 만년 적자의 법인을 단번에 흑자로 바꾸는 사례는 드물다. 바로 구성원들의 속성에 따라 상호작용이 기대보다 다르게 나올 수 있기 때문이다.

리더십은 맥락이 중요하다고 하는 말의 의미가 이런 이유에서 시작된다.

리더와 부하 간의 갈등이 일어나는 이유

리더십은 필연적으로 조직 구성원과의 갈등이 발생된다. 오히려 갈등이 없다면 그건 리더가 아무것도 안 하고 있거나 반대로 원래 문제 없는 완성형 조직일 수 있다. 리더 없이도 알아서 잘하는 조직을 말한다. 새로운 리더가 조직에 부임하고 변화를 추구할 때 서로 간에 적응 기간이 필요하기 때문이라고 해석할 수 있다. 여기에는 긍정적 해석과 부정적 해석이 발생한다.

먼저 부정적인 관점의 해석을 하자면, 리더가 조금 자기를 먼저 생각하고 그러다 보니 자기식의 해석과 주장이 강하여 잘 듣지 않고 자기식으로 조직이 운영되어야 만족하는 스타일로 인해 갈등이 발생하고 있는 것이다. 공과 사 구별이 제대로 되지 않고 사적인 욕심에 가려져 조직을 리딩하다 보면 지속적으로 갈등이 일어난다. 이런 리더들과 대화하다 보면 구성원들이 자신을 이해하지 못하고 있고 오해받고 있어서 억울하고 답답하다고 하소연하는 경우가 대다수를 차지한다. 이런 리더들은 보통 자신의 상사의 비위나 이해관계자들의 평판에 온갖 신경을 다 쓰고 그것이 우선순위가 되는 경우가 많다. 그리고 부하들이 불평불만 하거나 이의제기를 하면, 나보고 어찌하라는 것이냐, 나도 건의했지만 상사가 거부하는데 그래도 또 가서 다시 얘기하라는 것이냐, 그래 보았자 결과가 바뀔 확률은 거의 없는데 진짜 상황 파악을 못 하는 부하들을 두어서 자신이 너무 답답하다는 말을 한다. 이런 경우의 갈등은 소모적이고 조직을 망가뜨리는 갈등의 종류가 된다.

이와 반대로 긍정적인 관점의 해석이 가능한 갈등도 있다. 리더가 부임하여 새로운 변화를 추구하거나 조직을 재정비하려고 하는 경우에도 리더와 구성원 간은 일정 기간 동안 긴장과 갈등이 발생되는 시기를 겪게 된다. 이 경우에는 리더의 인내와 참을성이 필요하다. 변화에는 시간이 필요하고 어느 정도의 과정을 거쳐야 하기 때문이다. 이 긴장과 갈등을 견뎌내지 못하고 타협해 버리면 리더십에 손상을 줄 수 있다. 단순히 리더가 한 번 주장한 말을 지켜야 하는 것이 권위를 살리는 것으로 잘못 인식하기도 하지만, 무작정 고집을 부리라는 것이 아니라 그 과정에서 반복적, 지속적으로 소통하고 강하게 밀어붙이기도 하면서 풀어줄 때 확실히 풀어주는 맺고 끊음의 기술이 필요하다. 이때 필요한 것이 회식이고 밖으로 나가 단합대회를 하면 효과를 볼 수 있다.

회식 얘기가 나와서 하고 싶은 말이 있다. 일반적으로 MZ세대는 회식을 싫어해서 점심 모임으로 대체한다는 리더들의 말을 듣고 있다. 시대가 바뀌었으니 거기에 맞춰야 한다는 자조적인 말도 함께 하고 있다. 경험상 일이 타이트하게 진행되었거나 긴장감이나 난이도가 높은 일을 마무리하는 시점에서 회식을 하면 싫어하는 MZ세대는 많지 않다. 이때쯤 되면 사람인지라 긴장도 풀고 싶고, 피드백도 받고 싶고, 칭찬과 수고했다는 말도 듣고 싶고, 그동안 쌓여온 것들에 대해 하소연하고 공감받고 싶어 하기 때문에 세대불문하고 회식은 좋은 수단이자 소통의 장이 될 수 있다. 일상이 반복되고 적절한 긴장감이나 압박감이 약한 환경의 조직에서 오로지 친선 도모나 리더의 의례적인 배려 차원의 회식이 싫다는 의미임을 잘 구분하면 좋을 듯하다. 일반화시키기가 조심스럽지만 조금 과장되게 얘기한다면 새로운 도전이나 변화에 대한 필요성을 못 느끼는 조직이고 실제로 조직의 발전 단계 중 성숙기 단계에 오래전에 진입되어 있고 안정이 중요 가치로 정착되어 있는 분위기에서 상대적으로 긴장감이 없는데 굳이 회식이라는 행사를 사용할 필요는 없는 것 같다.

리더의 외로움

리더는 외로운 직업이다. 이 외로움을 지고 리더 역할을 해야 한다는 것을 신임자 교육시 반복해서 교육시켜야 한다. 리더십 여정에서 피할 수 없는 감정임을 인정하고 들어가도록 해야 한다. 리더가 외로움을 인내하지 못하면 인기영합주의에 빠지거나 리더로서 권위를 잃어버리게 된다. 그런데도 정작 리더 본인은 외로움을 견디지 못하고 구성원들 속에 들어가 편하게 친구처럼 지내면서 격의 없는 리더십을 발휘하고 있다고 합리화하며 지내게 된다. "이러면 무슨 문제가 있나"라고 질문하고 싶겠지만 전쟁터에서 총알이 빗발치는 결정적인 순간 리더가 돌격 앞으로를 외쳐도 움직이지 않는 심각한 사태가 벌어질 수 있다.

리더와 부하들과의 적절한 거리감은 필수

이름만 대도 다 아는 유명한 외국계 한국지사장에게 들었던 일화가 생각난다. 그 당시는 한참 호칭을 없애는 이슈가 한국기업에도 유행처럼 번지고 실제로 HR이슈로 논의되었던 때였다. 저녁 식사가 종료되고 혼자 남아서 담소를 나누는데 의외의 얘기를 하는 것이었다. 한국의 조직 맥락에서 호칭을 없애는 것은 신중하게 접근할 필요가 있다는 것이다. 내심 좀 놀라웠다. 그 회사가 호칭을 없애고 영어 이름을 부른다는 기사가 뜨면서 하나의 성공사례로 회자되었기 때문이다. 지사장의 주장은 처음에는 잘 몰랐으나 시간이 흐르면서 결정적이고 위험 부담이 있는 의사결정 회의에서 사장으로서 결론을 내고 실행하자고 하면 받아들이는 강도가 사장이라는 호칭이 존재했던 때와 비교해서 점점 약화되고 있음을 느끼고 있다고 했다.

호칭을 없애려면 조직의 역할과 책임이 분명하고 통제 없이도 자기 주도적으로 임무를 완수할 수 있는 성숙함과 필요 역량을 갖춘 조직구성원들이 포진되어 있다는 기본전제가 깔려 있어야 한다.

리더가 순진한 바람과 기대로 인기영합주의에 휩쓸려 외로움을 이기지 못하고 적절한 거리감의 필요성을 망각하면 조직을 망치는 결과를 초래할 수 있음을 항상 기억하고 있어야 한다.

대가 지불 없이는 소유할 수 없다!

너무도 당연한 얘기를 왜 이 시점에서 꺼내는지 궁금한 독자들이 있을 것이다. 진리이고 원칙인데 그럼에도 불구하고 한 번씩 여기서 벗어나 보려는 욕심이 누구나 있다고 본다. 대가가 견딜만 하면 누가 지불하지 않으려고 하겠는가? 대가가 혹독하거나 지불해야 할 기간이 너무 길고 숨이 턱까지 차오를 때 대가 지불 없이 어떻게 안 되나 하는 생각이 들 것이다. 밭에 씨를 뿌리지 않고는 열매를 거둘 수 없다는 것을 부정할 사람은 아마도 없을 것이다. 이런 예를 들면 반박하지 못하는데, 직장에서 조직생활을 하면서는 대가 지불을 덜 하고도 조금 더 많은 것을 얻거나 소유하려고 할까 궁금하다.

이런 논리가 있을 수는 있겠다. 밭에 사람이 씨를 뿌리지 않았어도 자연이 바람 등을 이용하여 씨앗을 밭에 뿌릴 수도 있지 않은가? 그러나 그 확률이 얼마나 될까 생각해보면 그것도 희박하다. 요즘 MZ세대들이 일은 적게 하고도 보상은 일한 것보다 조금 더 받으려는 성향이 있다고들 한다. 이것도 일반화의 오류가 작용하고 있는 멘트라고 생각한다. 다른 세대들보다 이런 성향을 조금 더 보일 수는 있겠지만, 모든 MZ가 다 그런 것은 아니라고 생각한다. 내가 만나고 있고 대화하고 있는 MZ들은 그런 것 같지 않기 때문이다.

리더가 지불해야 할 대가는 무엇인가

임원들에게 연봉을 많이 주고 비서와 사무실, 기사를 제공해주는 이유는 무엇인가? 회사가 착해서? 절대 그렇지 않다. 책임져야 할 대가에 대한 값으로 회사가 지불하는 것이다. 서울 사무실에 근무하고 있어도 지방에 있는 공장에 화재가 나면 책임져야 하고, 아랫 사람이 실수로 회사에 손해를 끼치면 책임을 면할 수 없으며, 주말에도 고민해야 하고, 구성원들에게나 이해당사자들에게 욕도 먹기도 하고 오해받기도 하고, 구조조정이 진행되면 악역을 맡고 해당자에게 통보하는 것이다. 부하들이 불편해하고 힘들어 할 수 있는 사실도 있는 그대로 피드백해야 한다. 그 값이 연봉에 포함되어 있는 것이다.

임원으로서 좋은 혜택은 폼 잡으라고 주는 것이 아니다. 고액 연봉을 받는 임원들을 부러워하면서 책임지기는 싫어하는 사람들은 리더가 되기 힘들고 잘나가기도 어렵다. 자본주의 시장경제의 매커니즘과 조직의 작동원리를 단단히 이해하고 빠르게 체화시키는 사람들이 본인이 원하는 대가 지불에 따른 열매를 가질 수 있다고 생각한다.

정리하면, 철저히 책임지는 것 그리고 솔선수범을 보여주는 것, 조직과 구성원들을 위해 필요하다면 자기희생을 감수하는 것이 리더가 지불해야 할 대가라고 볼 수 있다.

리더로서 대가 지불을 안 하면 무엇을 소유할 수 없다는 것인가?

조직으로부터 존경받고 인정받는 것, 조직에 기여하고 레전드로 기억되는 것, 결과로 따라오는 것이지만 연봉과 성과급을 높게 받을 수 있는 것, 동시에 지속할 수 있는 경력관리와 평생고용 가능성을 높이는 것들이다. 리더로서 제대로 대가를 지불한 사람들은 결국 조직을 떠나도 리더십을 높게 사는 다른 기업이 스카우트를 하게 된다. 그러나 제대로 대가 지불을 못한 리더의 경우는 퇴임 후 찾는 기업이 없게 되는 것을 주변에서 보게 된다. 그러다가도 운 좋게 다른 기업에 스카우트가 되는 경우도 있다. 그곳에서 마음을 고쳐먹고 그동안 못해왔던 리더로서 대가 지불을 새롭게 시작하는 경우는 거의 들어보지 못했고, 스카우트된 기업에서 장기간 버티지 못하는 예를 많이 보았다.

MZ세대에게는 어떻게 설명해야 하는가?

MZ세대는 일을 통해 보상을 더 받기보다는 돈을 덜 받더라도 여유 있는 삶을 원한다고들 한다. 그런 성향이 있다는 것이지 모두가 그렇다고 하는 것은 위험한 선입견이라고 생각한다. 이걸 기본전제로 대가 지불 없이 본인들이 원하는 것을 소유할 수 없음을 설득하고 싶다. 리더들도 해야 할 의무가 있다. 이것이 근로의식과 직업관을 형성하는 밑바탕에 깔려 있는 의식이기 때문이다.

여기에는 모순이 존재한다. 무엇을 가지고 여유로운 삶을 누린다는 것인가? 선조들이 즐겼던 안빈낙도의 삶을 원하는 것도 아닐 테고, 〈나는 자연인이다〉처럼 모든 것을 내려놓고 자연인의 삶을 살겠다는 것도 아니라고 해석하고 싶다. 어느 정도의 돈이 뒷받침해주지 않으면 여유로운 삶은 한계가 있다는 것은 누구나 알고 있는 사실이다. 정말 일한다는 것은 여유로운 삶을 위해 필요한 돈 때문에 할 수밖에 없다고 확신하는지 묻고 싶다. 일을 통해 느끼는 자신의 성장과 발전에 대한 기쁨과 의미부여는 전혀 와닿지 않는다고 생각하는지 궁금하다. 진정한 자존감의 회복은 조직에서 부여한 과제나 프로젝트, 특히 난이도가 높은 일들을 고생스럽게 버텨내고 인내하면서 결국 성공시켰다는 뿌듯함과 해냈다는 성취감으로부터 가능해진다. 오히려 그런 경험들을 직장생활을 하면서 떠올릴 수 없다면 심각한 것이다.

한때 월요일 아침에 FM라디오를 들으면 DJ들이 단골로 멘트를 하고 시작하는 것이 있었다. “우리에게 월요일 회사 출근이 없다면 얼마나 행복할까, 일주일이 화수목금토토일로 존재하면 좋을 것 같다”라는 농담 섞인 멘트를 하곤 했다. 이것이 직장인 모두에게 적용되는가? 월요일을 기다리는 직장인들은 이상한 사람이고 정상분포곡선에 해당되지 않는 사람들인가? 그렇지 않다. 나도 한때 완성된 프로젝트를 보고하고 싶고 승인을 신속히 받으면 빠르게 조직에 적용하여 조직이 변화되는 모습을 상상하면서 빨리 월요일 아침이 밝아 오기를 기다린 적이 있었다. 일은 생계수단이기도 하지만 그것만이 전부는 아니다. 일이라는 대가 지불을 통해 여유로운 삶의 바탕이 되는 수입을 더 많이 올릴 수 있고, 또 일을 통해 자존감과 성장하고 있다는 행복감을 소유할 수 있을 것이다.

실제로 고위임원으로 성공적인 직장생활을 마치고 여유롭게 은퇴 생활을 하는 리더들을 보면 두 가지 측면이 존재한다. 현역 시절 리더로서 조직에 올인한 대가 지불을 했기에 은퇴 후 여유로움이라는 것을 소유할 수 있게 된 것이다. 물론 전부는 아니지만, 그 과정에서 가정의 희생이라는 부수적인 대가 지불이 일어나기도 한다. 우리는 겉으로 보이는 은퇴 후 여유로움을 부러워할 뿐이지 그 과정에서 일어난 대가 지불은 알지도 못하고 알고 싶어 하지도 않는 성향이 있다.

또 다른 대가 지불이 기다리고 있다. 이분들 중에 이런 속마음을 털어 놓는 것을 들은 적이 있다. 2~3년 동안 현역 시절에 못 했던 여행과 취미활동들을 실컷 해보았는데, 당시는 너무 만족스럽고 '인생에 이런 맛이 있구나'라고 느꼈다고 한다. 그런데 그러고 나니 마음에 빈 공간이 생기기 시작하더라는 것이다. 집중해야 할 일거리가 필요해짐을 인식하게 된다는 것이다. 그래야 삶의 균형이 잡힐 것 같다는 생각이 들기 시작했다고 한다. 그 입장이 되어 보지 못한 사람들이 어느 정도 공감할 수 있을지 모르지만, 역시 빈 공간을 채우려면 다른 종류의 대가를 지불해야 한다는 것이다.

요행이나 운으로 얻은 성공은 가짜다!

인생을 살아가면서 지불해야 할 대가들을 피해가면서 원하는 것을 소유할 수 없다는 사실을 알고 받아들이려고 노력하며 산다면 조직 생활을 하든 창업하여 사업가로 살아가든 덜 섭섭하고 덜 억울하고 덜 흔들리게 될 것이다. 또한 이런 마인드와 태도로 일을 해나간다면 결국 조직에서 성공 가능성이 높아지고 원하는 꿈과 비전 달성에 남들보다 더 빨리 가까워지며, 성공했더라도 요행이나 운을 바라지 않기에 성공도 오랫동안 유지할 수 있다고 생각한다.

이 원칙과 가치는 리더와 부하 간에도 공유할 필요가 있다. 해이해지는 직업관을 다시 확고히 하는 기회가 될 수 있기 때문이다. 이런 바탕 속에서 구호로만 외치는 성과주의가 아니라 진정한 성과주의의 조직문화가 자리를 잡을 수 있는 것이다. 궁극적으로는 MZ세대들이 요구한다는 공정한 조직의 밑거름이 될 수 있다고 생각한다.

회식을 안 좋아한다는 것은 진심일까?

코칭 세션이나 교육 중에 MZ세대는 전반적으로 회식을 좋아하지 않아 회식보다는 주로 점심 모임으로 대체하고 있다고 얘기하고 있다. 회식 일정 잡는 것도 신경 쓰이는 시대가 되었다고 푸념하는 리더들이 늘어나고 있는 것이다.

그런데 이것도 일반화시키면 안 될 주제인 것 같다. MZ세대들에게 물어보면 회식 자체를 싫어한다기보다는 '즐겁지 않고', '회식 자리에 가서도 여전히 눈치 보면서 평소에 들었던 리더의 잔소리를 듣는' 그런 회식이 싫다는 것이다.

그렇다면 회식이라는 문화는 왜 생기게 되었을까? 생각해보면 조직 생활에서 필요한 순기능이 있었기 때문이 아닐까 생각이 든다. 공식적으로 소통하면서 부족했거나 그 자리에서 미처

다 표현하지 못한 하소연이나 자기 감정을 회식이라는 장소를 통해서 공유하고 더 친해질 수 있는 것이 회식이 제공하는 순기능이 될 수 있다.

회식의 순기능

아무리 공과 사가 구별되고, 직장에서는 일만 잘하고 근무시간이 끝나면 개인으로 돌아가서 사생활을 존중하는 것이 깔끔하고 나이스한 직장생활이라고 하지만, 직장에서는 혼자 일을 다 처리하고 마무리할 수 없는 시스템이다. 현재 자신의 업무가 앞단의 업무와 자기의 뒤에 있는 업무에 영향을 미칠 수밖에 없기에 협업이란 것을 염두에 두지 않을 수 없다. 당연히 상호소통과 이해가 중요하다. 혹시라도 더 부탁할 일이 있거나 자신의 실수로 피해를 본 관련자들에게 진심을 담아 사과의 마음을 전달해야 하거나 양해를 구해야 하는 시간이 필요할 때, 같이 식사를 하거나 술 한 잔 기울이며 마음을 전달하는 것이 공식적인 미팅이나 회의석상에서 만나는 것보다 더 효과적이기 때문이다. 부서와 부서 간에 오해로 인한 앙금이 생겼을 때도 부서 간 미팅을 통해 문제를 해결하고, 그것에 그치지 않고 회식이라는 행사를 통해 다시 관계회복과 단합을 도모하기도 한다. 이것들이 회식을 단순하게 저녁 먹고 술 한 잔 하는 자리로만 여기고, '구성원들이 싫다는데 굳이 해야 할 필요가 있는가'라고 생각하는 리더들이 생각해 볼 부분이다.

특히 난이도가 높고 긴장도가 컸던 프로젝트가 종료되고 나면 참여했던 멤버들은 프로젝트가 성공했든 조금 아쉬운 상태로 종료되었든 상관없이 뭔가 마침표를 찍는 이벤트를 가지며 마무리하고 싶어 한다. 이 자리에서 프로젝트 과정 중 힘들었던 점을 하소연하기도 하고, 리더와 멤버들에게 서운했던 점을 허심탄회하게 회식 자리를 빌려서 말하고 싶어 한다. 과정에서 기여한 바에 대한 칭찬과 인정을 개인별로 받는 자리이기도 하다. 물론 공식적으로 정리하는 시간을 갖지만, 그때는 주로 일하는 과정과 결과물에 중점을 두고 대화하기 때문에 감정적인 요소는 충분히 드러내지 못한다. 풀어내지 못한 나머지를 회식을 통해 풀어주면 참가자들이 카타르시스도 느끼고 성취감도 함께 얻을 수 있는 시간이 될 수 있다. 'MZ세대는 그 시간에 빨리 퇴근하여 자신만의 시간을 갖는 것을 더 선호하지 않는가'라는 의문을 제기할 수도 있겠지만, 이건 모든 세대에 공통으로 통하는 것이다. 오히려 분명하고 구체적으로 자신들이 기여한 바를 리더에게 확인받고 싶어하는 욕구가 강한 사람들이 MZ세대이다.

회식이 순기능으로 작동되도록 하려면

이렇게 좋은 수단이 될 수 있는 회식을 싫어하게 되는 데는 리더가 좋아하는 메뉴와 장소만 고집한다든지 술을 강요하는 분위기로 시작해서 끝나는 반복된 회식이 한뭇한다고 생각한다. 이때도 리더는 지혜를 발휘해야 한다. 회식 장소와 메뉴 정하는 것을 순서대로 위임해 주는 것이다. 보통은 회식 장소와 메뉴를 복수로 검토하고 리더에게 결정하도록 하는 순서를 따르고 있지만, 구성원의 수가 많고 다양하면 사실 메뉴와 장소를 전원이 만족하게 정할 수 없다. 연간 회식 일정을 정하고 순서에 의해, 첫 번째는 MZ세대가 원하는 메뉴와 장소를 정하게 하고 다음 번에는 여사원들이 정하도록 하며, 마지막으로는 시니어 멤버들이 선호하는 장소와 메뉴를 정하게 하는 것이다. 이는 서로의 취향을 알게 되고 이해하는 기회가 되기도 한다. 또한 지루한 회식의 요인이 되는 것 중의 하나인 리더들이 평소에 하고 싶은 얘기들을 반복하지 않도록 하려면 리더들도 자제할 필요가 있다. 회식의 진행도 메뉴와 장소를 선택한 그룹에서 나와서 진행하도록 하면 의외로 참신한 아이디어와 진행 역량을 보이는 것을 많이 경험해 보았다. 잘 맞으면 회식이 이벤트가 되고 흥미로운 행사가 된다. 이런 회식은 MZ세대도 싫다고 하지 않는다.

MZ들의 속마음

회식에 대해 어떤 생각을 가지고 있는지 속내를 들여다보고 싶은 생각에 서로 다른 회사에 다니는 MZ세대들을 만나 솔직한 심정을 질문하였다. 이미 알고 있는 내용을 확인할 수 있었고,

이건 짚고 넘어가야 하겠구나 싶은 얘기들이 나왔다. 그것은 메뉴와 장소를 일방적으로 결정하는 것들도 불편하지만 태생적으로 일단 자기들보다 선배이고 윗사람들과 자리를 같이해야 한다는 것이 불편하고 어렵다는 것이었다. 솔직한 답변이라고 생각한다. 우리라고 신입사원 시절에는 이런 마음이 없었을까? 시계를 오래전으로 돌려보니 정도의 차이는 있겠지만 그 당시도 이런 마음이 존재했다. 비록 힘들어도 그때는 조직에 적응하고 관계성을 맺어 가는데 필요한 과정이고 넘어야 할 허들이라고 생각했던 것 같다.

회식에 대해 가져야 할 리더의 관점

바로 이런 속내를 리더가 어떻게 받아들일 것인가가 중요한 문제라고 생각한다.

조직에서 성과를 내는 것은 혼자 할 수 있는 일이 아니다. 그래서 디지털혁명의 시대에 접어 들어가면 갈수록 협업 역량을 중요시하고 기업의 채용기준으로 체크하는 것이다. 예외는 있다. 0.1%에 속하는 천재들은 개인플레이가 가능할지 모르겠다. 자신이 힘들고 어렵고 불편하다고 하여 자신이 속한 조직의 행사를 기피하려고 하는 것은 리더가 받아줘서는 안 된다. 사적인 행사에 참여를 강요하는 것과는 구분해야 한다. 등산을 좋아하는 리더가 주말마다 산행을 하자고 단톡방에 올리는 것은 분명

잘못된 강요이다.

하지만 이런 반응을 접하고 회식을 없애는 리더들을 MZ세대들이 특별히 존경하고 만족도나 사기가 높아진다고 생각하지 않는다. 불편하고 힘들어도 해야 할 것은 해야 하기 때문이다. 성과를 내고 한 단계 더 올라가는데 그런 힘든 과정을 극복하지 않고 도달할 수는 없기 때문이다. 툭하면 발생하는 일이 아니라면 회식이 끝나고 상사나 선배의 술주정을 받아주고 늦은 시각에 택시나 대리기사를 불러 집에 무사히 도착할 수 있도록 하는 배려가 갑에게 당할 수밖에 없는 비참한 을이라고 생각하는가? 이것은 이타적인 훈련이고 관계성을 맺는 훈련이라고 리더도 생각할 수 있어야 한다.

회식은 전체가 함께하며 조율하고 개인보다는 팀에 맞춰주는 훈련을 하면서 원팀이 되어가는 과정이라고 생각하면 개인이나 조직에 긍정적 영향을 미칠 것이다. 회식의 주인공은 MZ세대가 아니다. 함께 다 같이 참여하고 있는 조직의 구성원이다. 리더도 이런 관점을 가져야 한다. 회식은 리더십의 본질적인 이슈인가, 비본질적인 이슈인가 묻고 싶다. 회식을 단순히 다 같이 모여 맛있는 음식과 술 한 잔 하는 행사라고 생각한다면 당연히 비본질적인 이슈가 되고, 구성원들이 원치 않으면 하지 않아도 되고, 그러다가 원하면 한 번씩 하면 된다고 생각할 것이다.

그러나 회식의 준비부터 진행하는 과정, 그리고 과정에서 일어나는 상호작용, 칭찬과 인정, 하소연과 해명 등을 평상시 못하는 비공식 채널의 활성화라고 이해하고 있다면 리더십의 본질 영역에 해당된다고 할 수 있다. 회식의 분위기를 어떻게 설정하고 유지시켜 나갈지도 리더가 고민해야 할 부분이다. 공적으로는 규율과 원칙을 엄격히 준수하지만, 회식과 같은 비공식행사에서는 자유롭게 행동하고 대화하고 리더에게 술김에 하고 싶은 말도 눈치 보지 않고 할 수 있는, 함께 푸는 자리로 활용하는 것은 긴장과 해방감의 균형을 이루게 하는 리더십이기 때문이다.

책망할 줄 아는 리더와 리더십 공동체의 중요성

예전과 비교하면 '책망하다'라는 용어는 요즘 잘 사용하지 않는다. 오히려 《교회용어사전》에 등장하는 것을 보게 되었다. 상대방의 허물이나 잘못을 꾸짖고 타이름이라고 정의하며, 성령의 주요 사역 중에 하나이고 성경의 기능 중에 하나라고 되어 있다. 잘못을 꾸짖고 나무란다는 의미이다.

어느 날부터인지는 모르겠으나 책망한다는 것이 구시대의 유물이고 옛날식 훈육방식이라 부작용을 우려하는 목소리가 가정과 학교로부터 시작되어 기업에까지 영향을 미치고 있는 것 같다. 심지어 군대라는 전쟁 억지와 자국의 안전을 책임져야 하는 임무와 미션을 수행해야 하는 특별한 조직에까지도 영향을 미치고 있는 것을 걱정하는 의견도 나오고 있다. 지적하고 혼내는 것은 기를 죽여서 실수를 하게 만드는 역효과를 내는 것처럼 여겨지고 있다. 리더가 꾸짖고 나무라는 것을 자주하면 어렵고 무서운 리더로 분류되어 구성원들과 소통에 장애로 작용된다고들 한다. 특히 MZ세대에게는 잘 먹히지 않고 거리감만 더 벌리는 요인이라고들 한다.

과연 그럴까? 부하들을 나무라지 못하는 리더는 사실 리더로서 자격이 없다. 책망을 하려면 책망하는 대상자를 책임지려는 책임감이 우선되어야 한다. 부하들을 책망하다가 일이 생기면 자신은 쏙 빠지고 부하들만 책임지게 하는 리더는 책망할 줄 아는 리더가 아니다. 그런 리더의 책망 자체를 받아들일 부하가 누가 있겠는가? 지적하고 나무라기만 하고 부하들에 대해 책임질 각오가 되어 있지 않다면 부하들은 그 자리에서 책망을 듣는 척만 할 것이다. 반대로 책망하는 것을 기피하고 부담스러워 하여 그냥 좋은 얘기만 하고 관계만 잘 유지하면서 무난히 가려고만 하는 리더도 문제가 된다. 어찌 보면 편하게 덜 신경 쓰고 쉽게 쉽게 갈 수 있을 것 같아 이런 선택을 해버리는 리더들도 겪어 본 적이 있다.

당장은 문제가 없어 보인다. 그런데 이런 태평 시대가 그대로 진행되지 않는다. 올 것이 오고야 만다. 어떤 때 그런 일이 벌어지는가? 승진과 성과급 지급 시기, 그리고 조직에서 해외연수나 학위과정에 보낼 사람들을 선발하는 기회 등이 왔을 때이다. 평소 책망을 받지 않고 성장한 사람은 자기관리에 철저하고 자기 주도적으로 일을 해온 사람이 아니라면 상대적으로 자신의 성과 관리가 약한 사람이 되는 경우가 많다. 당장은 편하고 기죽지 않고 자유롭게 직장생활을 해왔기에 일정 기준을 뛰어넘지 못한 채 여기까지 온 것이다. 선발이나 평가과정에서는 그동안의 성과와 조직에 대한 기여도를 객관적으로 심사하고 점수를 매기기 때문에 책망 없이 살아온 심사대상자가 탈락하는 것은 당연한 결과가 된다. 물론 본인은 인정하지 않을 수도 있지만, 그것이 현실이다.

ⓔ 책망을 잘 받도록 하려면

책망도 잘 받을 수 있는 훈련을 시켜야 한다. 한 번도 책망을 안 받고 큰 사람이 직장에서 상사에게 처음 책망을 받으면 충격이 크고 오래간다. 깊은 상처가 남는다. 그러나 사실에 근거하고 리더의 진심이 있는 책망은 책망 받는 사람에게 오히려 전환점이 되고 단단하게 만들어 준다.

영국의 프리미어리그에서 활약하고 있는 손흥민 선수의 소식을 유튜브를 통해 가끔 접하게 된다. 세계적인 톱클래스의 프로선수들이 활동하고 있는 무대이다. 그런데 의외의 장면을 보게 되었다. 축구경기 전반이 종료되고 휴식시간에 라커룸에서 감독이 하는 책망의 목소리였다. 대단한 프로선수들에게 목소리를 높이며 전반전에 한 경기에 대해 나무라고 꾸짖고 구체적으로 지적하는 것이다. 이미 일정 수준을 넘어서 자기만의 월등한 기량을 갖춘 프로선수들에게 책망하고 있는 것이다.

왜 프로선수들은 그런 책망을 듣고 있을지 의문이 들었다. 전쟁터 같은 프로리그에서 살아남으려면 끊임없이 자신을 갈고닦아야 하기 때문이다. 그날의 컨디션과 상대 팀이 강팀이냐 약팀이냐에 따라 자신의 실력을 그대로 발휘할 수 있는지가 결정되기 때문이다. 책망을 통해 잘 안 풀렸던 전반전의 경기를 후반전에 반전시킬 수 있는 심기일전의 계기로 삼아야 하기 때문이다. 자신이 인지했든 못 했든 감독의 객관적인 지적이 자신이 고쳐야 할 행동을 분명히 알게 해주기 때문이다. 책망을 못 받아들이는 것은 자존심이 강해서가 아니다. 자존심이 강하지 못해서 그런 것이다. 자존심을 지키고 유지하려면 지속적이고 일관되게 경기에서 자신의 실력을 보여줘야 한다.

조직에 속한 구성원들은 성과로 증명해내야 한다. 그래야 프로축구선수들이 연봉을 더 높게 받게 되고 스카우트의 대상이 되며 성장, 발전할 수 있는 것이다. 책망을 잘 받게 하려면 리더들은 부하들을 반복적으로 교육해야 한다. 일과 사람을 구분해야 함을 강조해야 한다. 물론 쉽지는 않지만 그래도 해야 한다. 책망의 대상은 잘못된 일이 중심이지 그 일을 실행한 사람 자체를 나무라는 것이 아님을 지속적으로 알려주고 실제로도 책망을 한 대상을 대하는 태도에 변화가 있어서는 안 된다. "아, 이제 이 리더에게 찍혔구나"라는 느낌이 들어서는 안 된다. 책망한다고 그 사람의 사람 자체와 인격에 대해 퍼붓는 것은 책망을 통해 얻고자 하는 목적을 달성할 수 없다. 연봉은 많이 받고 싶어 하면서 책망받기를 두려워하거나 싫어한다면 말이 안 되는 것을 인정해야 한다.

책망받기 싫어하는 이유

MZ세대들과 교육 장면에서 질의응답을 하는 주제들이 있다. 책망을 자주하는 독한 리더가 결국 성과를 지속적으로 내고, 그 보상으로 다른 조직이 받지 못하는 두둑한 성과급을 보장해주는 것이 좋은가, 아니면 부드럽고 착하게 대해주는 리더인데 성과는 잘 내지 못해서 항시 성과급을 만족스럽게 받지 못하는 조직을 택할 것인가라는 논의였다. 망설이지 않고, 독해도 성과 잘 내는 리더와 조직을 택한다는 답이 대다수를 차지했다.

그런데 항상 따라붙는 전제 조건이 있었다. 독하게 책망을 해도 기분 상할 정도로 거칠게 말하는 것은 싫다는 것이다. "아무리 잘못했기로서니 그렇게까지 나무라고 꾸지람하는 것은 너무한 것 아닌가"라고 말하는 것과 유사한 의미로 볼 수 있다. 이것이 책망받기 싫어하는 이유다. "왜 결과만 가지고 닦달하는가? 과정도 좀 고려해야지. 열심히 뛴 우리는 무엇인가?"라고 말하고 싶다는 것으로 해석할 수밖에 없다. 책망을 받을 만한 일을 했다면 책망의 소리가 젠틀하든 거칠게 하든 그것을 인정하고, 다음번에 같은 실수를 하지 않으리라 하는 각오를 다지는 것이 우선이라고 생각한다. 그다음에, 인간인지라 '그래도 이건 좀 심하네. 휴~'라는 반응을 순서대로 하는 것이 옳다고 생각한다. 이 순서가 바뀌니까 혼란스러운 것이다.

리더들까지도 혼란스러워 책망이라는 단어를 조심스러워한다. 시대에 안 맞는 용어처럼 다룬다. 물론 상식적인 수준을 넘는 책망의 방식은 삼가야 하지만, 책망하려는 리더들도 이 부분을 명확히 해야 한다. 라커룸에서 책망을 받은 대단한 프로선수들도 속마음은 아마 좋지 않았을 것이다. 감독이 나가면 "그래도 너무하네"라고 불만을 드러내는 선수들도 있을 것이다. 그들은 거기까지이고, 다시 몸값을 유지하기 위해 지적된 행동을 고치려고 훈련할 것이다. 우리도 그렇게 책망을 받아들이는 훈련을 해야 한다. 연봉을 받는 프로들이기 때문이다.

⊜ 책망의 리더십에 필요한 리더십 공동체

시대와 상황이 책망을 잘하는 리더들의 수가 줄어들고 있기에 리더들의 공동체가 필요하다. 공동체 내에서 책망을 하는 기준이나 방법에 대해 같이 고민하고 좋은 사례들은 공유하는 것이 상호 도움이 될 것이다.

조직에 속해 있기 때문에 피할 수 없는 것이 다른 팀이나 부서와 일하는 방식이나 리더십 스타일을 자연스럽게 비교하게 되는 상황이다. 비교는 자연스러운 현상이지만 문제가 될 때가 있다. 다른 조직의 리더는 좋은 게 좋은 거라고 넘어가고 타협하는데, 한 리더만 소신을 가지고 책망의 리더십을 지속적으로 펼친다면 상대적으로 심하게 부하들을 다루는 리더로 평판이 나게 되고 속해 있는 구성원들도 왜 우리만 이렇게 일해야 하는지 불만이 슬금슬금 생길 수 있다.

이런 불필요한 에너지 소모를 방지하기 위해서도 리더가 한 목소리를 내는 것이 중요하다. 적게는 한 회사 내에서, 크게는 동종 업종의 회사가 함께하는 데 있어서 비본질적인 것이 본질로 취급받고, 거기에 리더들이 시간과 에너지를 뺏기는 것을 중단시킬 수 있지 않을까 하는 작은 소망이 있다. 책망하는 리더십이 시대에 맞지 않는 것처럼 여겨지는 것을 안타깝게 생각한다.

실제로 이런 경험이 있다. 임원들 대상의 교육을 담당하고 있을 때 교육을 준비하는 과정이 장기간에 걸쳐서 진행되고, 챙겨야 할 일이 수시로 발생하다 보니 팀원들이 늦게까지 남아서 일해야 하고, 심지어 해외와 연락을 취해야 하는 경우에는 주말에도 나와서 일을 진행해야 했다.

1달 정도 흘러서 늦은 저녁을 같이 먹고 있는데 팀원들이 왜 우리만 늦게까지 남아서 일해야 하는지 한숨이 나온다고 하였다. 저녁 9시가 되면 남아 있는 것은 자기들밖에 없다는 것이다. 물론 이런 하소연을 처리하는 방법이 여러 가지가 있어 시도했고 결과는 잘 풀렸지만, 상대적인 비교가 리더들이 인식하는 것보다 구성원들은 더 예민할 수 있다는 것을 알게 해주는 사례였다. 그래서 리더십 공동체가 같이 호흡할 수 있도록 리더의 상사에게 도움을 요청하고, 리더들끼리 모이는 기회를 만들어 서로가 진솔한 교류를 하는 것이 필요하다.

역발상을 해보자. 책망의 효과를 제대로 나타나게 하려면 조금만 훈련하면 되는데 안타깝다. MZ들이 싫어하는 것을 최소화하고 전달해야 할 것을 단호하고도 명확하게 전달하면 어떤가? 10을 인풋해서 20의 아웃풋을 낸다면 그것이 리더십 아닌가? 리더들이여 조금만 조심해서 책망하는 스킬을 다듬자. 프로선수들이 경기 전에 엄청난 워밍업을 하듯이….

희망이 보인다. 효과에만 집중하자 내가 속 시원한 것은 필요없다. 그게 목적이 아니다. 내가 좀 아쉽고 답답해도 나의 의도가 먹힌다면 그것이 제대로 발휘하는 리더십 아닌가?

착한 리더가 조직을 위험에 빠뜨린다?

사실 전달을 못 하는 착한 리더가 정말 존재하는가? 너무 과장되게 말하는 것 아닌가 의심이 들 수도 있다. 한편으로는 사실 전달의 문제가 핵심이 될 것이다. 사실 내용이 심각하냐 보통이냐가 중요한 기준이 될 것이다. 단순 정보전달이라면 그걸 전달 못 할 리더는 없을 것이다. 그러나 전달할 사실이 조직과 구성원에게 충격을 주거나 놀라움을 줄 내용일 때가 문제가 될 것 같다. 예를 들면 구조조정을 통보해야 한다든지 승진급이 누락된 부하들에게 심사결과를 전달해야 하는 것, 프로젝트 결과보고 후에 윗사람들의 평가결과, 특히 기대와 다른 피드백이 왔을 때 그걸 어떻게 전달해야 할 것인지. 이런 경우 리더의 심적 부담은 커지고 착한 리더들은 타이밍을 놓치는 실수를 할 수 있다.

차일피일 미루려는 경향도 보인다. 그래도 리더라면 좋든 싫든, 부정적인 반응을 초래하든 긍정적인 반응을 보이든 적시에 구체적으로 메시지를 사실 기반으로 정확히 전달해야 한다. 사실 전달을 할 때는 감정을 개입시키지 말고 표정 관리를 제대로 하면서 전달해야 한다. 특히 구성원 전체를 모이게 하여 전달해야 하는 공식적인 자리에서 메시지를 분명하고 명확하게 전달하는 리더의 모습을 통해 구성원들은 리더를 신뢰하게 되고 리더로서의 권위를 인정하게 된다. 이 순간이 리더십에 있어 매우 중요한 순간(critical moment)이 된다. 이것을 못 하는 리더를 착한 리더라고 지칭하는 것이 맞는 것인지 모르겠다. 리더의 권위주의는 지양해야 하지만, 권위를 지키지 못하는 리더는 리더십을 제대로 발휘할 수 없다. 궁극적으로 착한 리더라는 표현은 맞는 단어인가? 리더가 착해야 하는가? 한번 생각해 볼 이슈이다.

리더는 왜 사실 전달을 망설일까?

성품 자체가 상대에 대한 배려를 우선시하기 때문에 사실을 그대로 전달하고 난 후 예상되는 후폭풍을 스스로가 못 견뎌 하거나 상대가 힘들어하는 것을 보는 것 자체를 회피하고 싶어서가 아닐까 생각한다. 한편으로는 우리 리더는 항상 상대방인 부하들을 세심하게 배려하는 좋은 분이라는 칭찬과 인정을 받고 싫어 하는 보이지 않는 기대감을 가지고 있는 것 같다. 자칫 인기영합주의의 함정에 빠질 위험성도 동시에 높아진다.

경영환경이 평균 이상을 유지해주고 회사의 실적도 목표대비 초과달성을 해내는 상황이라면 이런 유형의 리더가 무난하다는 평가를 받고 조직 내에서의 입지도 괜찮게 유지되면서 역할 수행을 해나갈 수 있음을 경험한 바가 있다. 리더십의 문제는 경영실적이 악화하고 위기단계로 몰리기 시작하면서 제기된다. 자의든 타의든 간에 리더는 위기상황을 돌파해 나가야 하고 피할 수 없는 구조조정의 이슈로 손에 피를 묻힐 수밖에 없다. 이 시기에 문제가 심각해지는 것이다. 모든 구성원들에게 가능한 모든 걸 해주려 하고, 모두의 기대에 부응하려 하면서 조직을 이끌어 가려고 하는 성향의 리더는 그러다 결국 본질적으로 자신의 기대는 물론 구성원들의 기대에도 부응하지 못하는 우를 범하고 만다.

또한 착한 리더는 구성원의 요구와 필요를 고민하다 보니 선택과 집중을 못 한다. 못하는 이유는 선택에서 배제된 구성원들에게 미안함을 갖게 되고 그 얘기를 하는 것도 망설이게 되는 것이다. 이것을 인간존중의 경영이라고 합리화하고 싶어 한다. 이런 리더는 자신과 반대 성향인 엄한 리더를 권위주의적이라고 판단하고 은근히 비난한다. 나아가 자신이 평판에 민감하다는 것을 감추고 싶어 한다.

현재까지 경험한 바로는 착한 리더를 좋아하지 않는 구성원은 없는 것 같다. 조직이 위기상황으로 내몰리기 전까지는 분명히 문제가 되지 않는다. 난파선에서 구명정의 제한된 탑승 인원으로 누가 탈출하고 누가 배에 남을지를 결정 못 하고 가슴 아파하면 결과는 다 같이 희생당하는 것이다.

리더가 사실 전달을 안 하면?

문제가 싹트고 커지기 시작하는 것을 발견하고도 리더가 인지하든 안 하든 있는 그대로 전달하고, 해결하려는 지시와 실행을 하지 않기 때문에 너도나도 방관자가 된다. 한편으로는 '설마 심각한 단계로 확산되겠어?'라고 말만 하고 행동하지 않는다. 그 와중에 문제 의식을 가지고 있는 구성원이 착한 리더에게 문제해결을 위한 조치에 대해 건의하면 착한 리더는 그제야 회의를 소집하여 문제해결을 위해 의견을 듣기 시작한다. 그리고 부드럽게 원론적으로 문제해결을 지시한다. 다른 것으로도 힘들 텐데 이것까지 시켜서 미안하고, 너무 무리가 될 정도로 하라는 건 아니라고 하면서 따뜻함을 잊지 않는다. 거기까지는 좋으나, 이 리더는 문제해결과정을 모니터링하고 결과가 제대로 나왔는지를 보고만 받고 꼼꼼히 확인하지 않는다. 리더를 보좌하는 야무진 스태프가 있다면 보완 가능성이 높아지지만, 보통 이런 리더 옆에 있는 스태프들도 닮아가게 된다. 좋은 게 좋은 것이라는 묵시적인 구호가 생겨 나는 것이다.

결국 시간이 흐르면서 문제가 터지고 보통은 책임을 지고 착한 리더가 물러난다. 임원이나 팀장의 직책에 있는 리더들의 경우 회사에 따라 다른 형태이지만, 360도 평가를 받고 결과를 피드백 받게 되어 있다. 회사 전체의 평균이나 공통 이슈는 인사(HRM)부서에서 관리하게 된다.

실제로, 한 회사에서 착한 리더가 있었고 구성원들도 리더를 좋아했다. 당연히 360도 평가를 하게 되면 회사 전체에서 점수가 최상위권에 위치하게 되었다. 문제는 실적이 호전되지 않는다는 것이었고, 리더가 이 부분을 강하게 압박하고 단호하게 전달하지 못한다는 점이었다. 구성원들은 리더에게 미안한 마음을 가지고는 있지만, 조직이 그렇게 치열하게 성과 달성을 위해 돌아가지는 않는 것도 현실이고, 인사부서에서 모니터링을 해도 그런 결과가 나오는 것이다. 결국 3년을 못 버티고 리더는 퇴임하게 되었다.

성과를 내지 못하는 리더에게 착하다는 평판은 결코 칭찬이 아님을 알아야 한다.

착한 리더의 반대말은 엄한 리더

구성원이 싫어하고 불편하게 생각하는 내용도 단호하게 말할 수 있는 리더가 엄한 리더이다. 꼭 지켜야 할 것을 지키고 단호하게 사실을 전달하기 위해서는 리더의 중심에 사명감과 책임감이 확고하게 자리 잡고 있어야 한다. 엄한 리더는 매일 화가 나 있고 무서운 표정으로 일을 지시하며, 조그만 실수에도 불호령이 떨어지고 분위기는 숨 쉬는 것도 조심스러운 살벌한 분위기를 만드는 리더가 아니다.

여기서 엄한 리더는 조직에 건강한 긴장감을 유지하기 위해 일하는 분위기가 해이해지거나 풀어짐으로써 일어나는 실수들을 방지하기 위해 조직의 기강을 지켜나가는 것이다. 조금 잘했다고 자만하거나 "이 정도면 되었지 뭘 더 요구하나" 등 구성원들의 눈높이가 평균적으로 하향화되는 것을 막기 위한 리더십 행동을 잘하는 사람이 엄한 리더이다.

이들은 스스로 더 높은 목표를 세우고 계속 더 조금씩 목표를 높여가면서 할 수 있다고 격려하고, 때론 무섭게 채찍질을 할 수 있는 리더들이다. 엄한 리더는 권위적인 리더와는 구분된다. 엄한 리더는 평소에는 인간적인 면을 많이 보여주지만, 성과관리와 결과에 따른 조치만큼은 추호의 양보 없이 냉정하게 결정하는 리더를 의미한다. 이런 조직의 특성은 겉으로는 유연하고 자유로운 근무 분위기로, 리더는 민주적으로 소통하고 인간적인 모습도 보여준다. 대표적으로는 의전 절차를 쉽고 편하게 생략해준다. 비본질적인 이슈에는 너그럽게 반응한다. 주말에 회사에 나올 일이 있으면 기사 없이 택시를 이용한다든지, 비서는 출근시키지 않고 점심도 공식적인 식사가 아니면 혼자 가볍게 해결하는 스타일이다. 그런데 왜 엄한 리더라는 표현을 하는지 의

아할 것이다. 연말 업적평가가 시작되면 냉정해진다. 소명의 기회와 패자부활전의 기회도 부여하지만, 결과가 나오지 않으면 바로 인사 조치를 단행한다. 성과에 대해서는 절대로 관대함을 보여주지 않는다. 그럼에도 이런 조직은 지속적으로 성과를 내면서 구성원들에게는 기대만큼의 보상이 주어진다. MZ세대들이 어떤 리더를 원할 것 같은가?

자유롭고 유연한 근무 형태가 보장되어도 일과 성과 영역에서는 무서울 정도로 기강이 서 있는 조직과 리더는 위기가 닥쳐도 함께 극복할 수 있다. 괜한 것에 에너지를 소모하지 않고 본질적인 이슈에 집중하기 때문이다. 착한 리더와 엄한 리더 중 어떤 리더 산하의 조직에서 근무하기를 원하는가? MZ세대가 등장하고 리더십 갈등이 수면 위로 떠오르면서 MZ세대가 원하는 것이 잘 들어주고, 험한 소리 안 하고, 항상 젠틀하게 리더십을 발휘하는 소위 착한 리더라고 생각할 수 있다.

실제 현장에서 그런 자조적인 목소리가 나오고 있다. 이건 분명히 해야 한다. 기업은 착한 리더를 필요로 하는 것이 아니고, 조직이 성과를 내도록 하고 경쟁에서 승리하여 지속적으로 성장·발전하게 만드는 리더를 요구한다. 필요충분조건이다. 성과도 잘 내고 착한 리더는 필요조건이나 충분조건 중 하나에 속하기만 해도 조직의 축복이라고 생각하고, 구성원들은 “야, 우리가 전생에 나라를 구했나. 이런 복이 우리에게 있다니” 하고 감사하면 되는 것이다.

배려의 리더십으로 인한 조직의 혼동

'배려'의 사전적 의미는 '도와주거나 보살펴주려고 마음을 쓴다'라고 되어 있다. 배려에는 단기적 배려와 장기적 배려가 있다. 당장은 힘들고 이게 무슨 배려인가라고 하지만, 시간이 흐르면서 결과적으로 자신에게 큰 도움이 되게끔 기회와 시련을 주었음을 알게 되고, '아, 사실은 리더의 큰 그림에서 나온 배려였구나'하는 깨달음을 얻게 된다. 이것은 장기적 배려라고 할 수 있다. 새로운 프로젝트에 참여시키려고 했으나 본인이 현재 힘든 상황이라고 호소하고 있고, 실제로 가정문제가 복잡하고 마무리할 과제가 있다고 판단되면 프로젝트 킥오프 단계를 참석하지 않도록 해주고, 다음 단계부터 참가하도록 조정해주는 것이 단기적 배려라고 정의할 수 있다.

왜 배려가 리더십의 중요한 한 부분으로 자리 잡았을지 한번 생각해보자. 배려를 받은 구성원은 배려를 베푼 리더에게 고마움을 느끼고 더 친밀해지고 신세 졌다는 마음으로 충성하려는 동기가 생겨나기 시작한다. 물론 구성원이 정상적인 기준과 성품을 갖추었다고 전제해야 한다. 배려에 대한 고마움보다는 '그 정도는 내가 받을 자격이 되지. 다른 리더도 그 정도는 구성원들에게 베푼다고 들었는데'라고 반응하는 사람들도 간혹 있을 수 있기 때문이다. 진정한 의미에서 배려의 리더십은 마음만 그리 써주는 것에 그치지 않고 구성원들을 보호해주고 책임져 주는 것까지 깊이 있게 들어가는 것이다. 말을 무뚝뚝하게 하고 평상시 칭찬도 잘 안 하는 리더라 하더라도 결과적으로 구성원들을 보호하고 배려해 준 것을 알게 되는 순간, 따뜻한 말 한마디가 없었어도 배려로 느끼게 할 수 있다.

◎ 배려의 리더십이 문제가 되는 경우

개인적인 관계에서의 배려와 조직 책임자인 리더로서의 배려는 구분할 줄 알아야 한다. 그렇지 못하면 오히려 조직에 민폐가 될 수도 있다. 배려하는 리더 본인은 마음이 훈훈해지고 보람이 있다고 자부하고, 고마워하는 구성원 모습을 보면 잘 되고 있다고 안심할 수 있겠지만, 조직은 그렇게 희망적으로 굴러가지 않는다. 호의가 계속되면 당연한 권리가 된다. 한 번 해주었다가 중단되면 오히려 불만사항이 된다. 화끈하게 보상하고 싶은 마음이야 어느 리더가 가지지 않겠는가? 구성원과의 확실한 공감대가 형성되어 실적이 좋으면 보상을 화끈하게 해주고 회사가 어려우면 다 같이 허리띠를 졸라맬 수 있는 유연한 관계성이 확립되었다면 얼마나 좋겠는가?

하지만 현실은 그렇지가 않다. 배려에도 분명한 기준과 선을 가지고 지혜롭게 진행해나가야 한다. 그래서 리더십이 쉽지 않은 것이다. 배려가 오용되면 역시 리더가 인기영합주의에 빠져 조직의 경쟁력을 저하시켜 버린다. "지옥으로 가는 길은 선의로 포장되어 있다"라는 유명한 유럽속담이 있다. 좋은 의도나 마음으로 무언가를 행했지만 때로는 반대로 나쁜 결과를 일으키는 일들이 흔히 있기 때문에 그에 대한 맞춤 속담인 것이다. 외국 커뮤니티 '레딧'의 댓글에 이 현상을 잘 설명하는 사례가 있다.

> "자기가 살던 동네의 한 회사가 근처 장애인지원센터에 많은 사람을 고용했고 1주일에 몇 시간 정도 와서 일을 하게 했다. 장애인들은 팸플릿을 접거나 종이에 도장을 찍는 간단한 일을 하고 돈을 받았다. 이 일은 매우 간단했지만 장애인들에게는 삶의 의미와 목적을 주는 일이었다. 최저임금보다는 적었지만 일을 하고 급료를 받는다는 사실에 기뻐할 정도의 수준은 되었다. 그런데 정부가 이런 장애인들도 무조건 최저 임금을 받도록 법을 바

꿨다. 아마도 노동착취를 방지하기 위한 선한 의도에서 그리 한 것같다. 의도는 좋았지만 이 회사를 포함해서 비슷하게 장애인을 고용하던 회사들은 장애인을 전부 최저임금을 주면서 고용할 돈이 없었고 결국 한두명만 남겨두고 다른 장애인들을 전부 해고해야 했다. 그 장애인들은 자신들이 어째서 더 이상 일을 할 수 없게 되었는지 이해하지 못했기 때문에 자신이 슬펐다"

리더들이 배려의 리더십의 효과를 제대로 발휘하도록 하기 위해 고려하고 참고해야 할 것들이다.

ⓔ 배려의 리더십도 조직의 맥락과 맞아야 한다

MZ세대를 이해하기 위한 여러 가지 논문과 관련 기사들이 넘쳐나고 있다. 도움이 되는 것도 사실이다. MZ세대를 이해하는데 '배려'도 필요요소로 언급되고 있다. 그러나 초점을 어디에 맞출 것인가 신중하게 고민해 보아야 한다. MZ세대가 어떤 세대인가를 연구하고 학습하여 잘 파악된 상황에서 우리 기업에 또는 우리 조직에 사명과 목적에 빠르게 적응시켜서 기업과 조직에 원팀으로 서로 윈윈할 것인가가 목적이다. 목적을 잃으면 잘못된 노력과 에너지만 소모되고 갈등만 증폭된다. 마치 MZ들을 위한 회사를 만들어야 하는 것처럼 모든 것을 부정하고 눈높이를 맞추는 것이 배려가 아니다. 회사에는 다양한 구성원이 존재함으로써 성장·발전해 나가는 것이다. 기업과 조직의 맥락 속에서 작동되는 역학구조를 고려하고 주니어 레벨로 다수를 차지하는 MZ세대가 어떻게 기존의 멤버들과 시너지를 내고 잘 일하도록 할 것인가, 일을 통해 성과를 내고 보상을 받고 지속적인 성장감을 유지시키고 직무만족을 느끼게 할 것인가에 집중해야 한다. 즉 일반적인 사회공동체에 속하여 있는 MZ를 이해하는 것이 목적이 아니고 기업의 구성원으로 일하는 MZ세대를 이해하고 배려의 리더십을 적용해야 한다는 것이다. 이것이 리더가 속한 회사의 규모, 업종, 인적 구성에 대한 맥락의 중요성을 이해하고 신경 써야 하는 이유이다.

ⓔ 조직에 혼란을 초래하는 배려의 리더십

'배려'하면 구성원들이 자신의 의견을 충분히 피력할 수 있는 시간과 기회를 주고, 리더의 일방적인 지시보다는 구성원들이 스스로 생각하고 결정할 수 있도록 일하는 환경을 만들어주는 것이며, 도전적인 일에는 실패를 용인해주고 기다려주는 것을 떠올리게 된다. 리더의 의도가 그렇지 않다 해도 자주 발생되는 메시지의 혼란이 생기게 된다. 통상적으로 리더가 소통할 때 이런 식의 말을 하게 된다.

"꼭 그렇게 하라는 것이 아니다. 한번 생각해보라는 것이다.

이건 지시가 아니다. 자유롭게 생각해보라."

이게 더 헷갈린다. 보고를 했으면 "이건 수용하고 저건 보완해라"라고 커뮤니케이션해야 바로 조치에 들어가는데, 지시가 아니라고 하면 어떻게 하라는 말인가? 보고 후에 퍼즐 맞추기 하는데 하루를 보내는 경우도 생긴다고 한다. '아마 이런 의미일 것 같다'든지, '아니야, 그건 No야. 거절한 것이니 잊어버리자'라든지, 조직에 혼란만 부추기는 결과를 가져온다. 대기업 총수가 던진 한마디의 의미를 맞추려고 실현 가능성이 없는 과제를 돈과 시간을 소모하면서 열심히 하는 해프닝이 실제로 일어나는 것을 본 적이 있다. 거기에 과잉 충성 경쟁까지 생기는 역기능이 작동되기도 한다. 분명하고 명확한 지시와 소통을 선호하는 MZ세대에게는 더 혼란을 초래하고 더 힘들어한다. 다른 구성원에게도 동일한 혼란을 주게 된다. 만약 배려로 포장하였지만 사실은 잘 모르겠고 확신이 안 서면 솔직한 고백이 오히려 더 효과적이다. "나도 잘 모르겠다. 조금 더 연구하고 생각할 시간을 가지고 다시 만나서 결정하자"라고 하는 것이다. 리더가 조직의 혼란을 없애는 현명한 방법이다.

배려의 리더십을 보완하는 거절의 리더십

배려의 역효과를 없애고 본래의 효과를 되찾기 위해서 리더가 해야 할 일은 분명히 거절할 때 거절하고, "NO"라고 말할 수 있어야 한다. 도를 넘는 요구는 분명히 안 된다고 대답해야 한다. 요즘 학교나 기업에 소수이긴 하지만 도를 넘는 부모들의 요구와 개입이 발생하고 있다. 학교에서는 자기 자녀의 수강신청과 학점의 결과를 따지는 사례가 있고, 기업은 부서 배치와 같은 경우에 인사부서로 전화를 하는 부모, 특히 어머니 쪽에서 그런 경우가 있다고 한다. 그냥 들어주고 넘어갈 사안이면 그리하는 것이 지혜로운 것이나, 선을 넘거나 도가 지나치면 분명히 적절치 못함을 피드백 해주고, 안 되는 것은 안 된다고 대응하도록 리더가 관리해줘야 한다. 해줘도 되고 안 해줘도 문제가 되지 않는 아주 작은 요구가 현재 시점에서 구성원들과 조직에 생길 때, 향후를 고려하여 신중히 검토한 후, 이번에 배려차원에서 "YES"를 하게 되면 시간이 흐르면서 요구가 점점 커진다고 판단하면 거절해야 한다.

심리적으로 인간은 오락가락하는 일관성 없는 사람으로 보이기 싫어한다. 그래서 일관된 태도를 취하려고 한다. 리더의 일관성은 중요하다. 리더가 동일한 사안에 대해 어느 때는 오케이 하고 또 어느 때는 반대를 하는 것도 조직에 혼란을 초래한다. 이런 이유로 계속 커지는 요구를 배려라는 포장으로 받아준다면 조직에 기준과 기강이 서지를 않고, 좋지 않은 조직문화를 리더의 '배려'로 인해 만들게 되는 우를 범한다.

조직에서 양화가 악화를 구축하게 하려면

"악화는 양화를 구축한다(Bad money drives out good money)"

영국의 경제학자 그레샴의 말이다. 쉽게 말하면 '나쁜 돈이 좋은 돈을 내몬다'는 뜻이다. 즉 그 돈이 표시하는 액면가치(명목가치)가 같으면서 물건으로서의 가치(실질가치)가 다른 두 화폐가 있을 때, 실질 가치가 높은 쪽은 별로 유통되지 않고 실질 가치가 낮은 쪽이 널리 유통된다는 의미이다. 이를 '그레샴의 법칙'이라 한다.

이런 주장이 나오게 된 배경은 그레샴이 살던 16세기 영국에서 찾을 수 있다. 당시 영국 정부는 재정 부담을 줄이기 위해 이따금씩 순도가 떨어지는 은화나 동화를 발행했다. 그러자 사람들은 순도가 높은 은화는 저장하고 순도가 낮은 은화만 사용하였다. 이런 현상을 그레샴이 지적했고, 경제적 법칙으로 알려졌다.

새로운 조직의 리더가 되거나 새롭게 구성된 조직이나 사업부, 팀을 맞게 되는 리더들이 조직을 새롭게 변화시키고자 고민해야 될 이슈를 강조할 때 경제학의 법칙을 비유해서 사용하기도 한다. 본래의 의미에 맞게 학문적으로 얼마나 제대로 사용하고 있는지는 중요하지 않다. 이 법칙을 얘기하면 구성원들도 상징적인 의미를 빠르게 이해할 수 있기 때문이다.

조직에서의 '악화'는 기존 관행이고, 기득권을 방어하고 새로운 변화로 인해 불편해지게 되어 변화에 저항하고 그냥 무난하게 가고 싶은 관료주의 문화와 그에 젖어 있는 구성원들의 행태를 의미하기도 한다. '양화'라고 표현되는 것은 변화가 힘들지만 받아들이려 하고 새로운 변화에 능동적으로 대응하려는 열정과 태도를 갖춘 구성원들을 의미한다.

어느 회사의 CEO가 9시 1분 출근은 9시 정시 출근으로 인정할 수 없다고 선언하고 혁신을 시작했다는 소식도 들었다, 어찌 보면 좀 심한 것 아닌가? 시대가 어느 때인데, 특히 MZ세대는 유연한 근무를 더 선호하고 재택도 하는 마당에 적절치 않다는 반응도 있을 수 있다. 개인적으로는 CEO가 바로 '악화가 양화를 구축하지 못 하도록' 한 선제적 조치이고, 결단력 있는 결정이라고 생각한다. '근무시간에 대한 분명한 원칙이 있음에도 1~2분

가지고 뭐 그렇게 야박하게 나오나, 성과를 잘 내도록 분위기를 만들어주는 것이 첫 번째 아닌가?'라고 생각한다면 근무형태를 유연하게 만들고 출퇴근 시간을 없애든지 여러 방법이 있을 것이다. 그리고 객관적이고 공정하며 온정에 휩쓸리지 않는 철저한 평가로 성과주의 문화를 만들면 된다.

시류에 흔들리고 회사의 규모나 위치, 현재 경영성과, 경쟁자와의 순위싸움 등을 고려하지도 않고 남들이 다 하니까 조직만족도 조사를 하고 그 결과물로 유연근무제를 선호한다는 내용에 꽂혀, MZ들이 요즘 선호하는 근무형태이니 우리도 도입할 수밖에 없다고 무작정 도입하는 우를 범하는 것은 바로 악화가 양화를 구축하도록 분위기를 만들어서 조직문화를 망치게 하는 위험성을 높인다. 한번 악화가 양화를 구축하고 나면 조직은 관성이 있어서 다시 되돌리는데 많은 반발과 저항, 그에 따른 갈등들로 시간과 에너지, 돈이 들게 된다. 악화는 편함이고 그동안 아무 문제 없이 해온 것이고, 그래서 특별히 회사가 망할 정도로 심각한 것도 아니기에 시간이 흐르면서 서로 허용해준 것들이다. CEO들이 낙하산으로 오면 그 조직에 악화가 양화를 구축하고 있는 것이 보여도 섣불리 손을 대지 않는 경우가 보통이다. 우선순위는 성과를 내고 이익을 내는 것이기 때문이다.

악화가 문제로 인식되는 때

그러나 그것이 지속적이고 중장기적으로 회사의 성과를 보장할 수 없다는 것을 인식하는 순간이 오면 갈등하게 된다. 조직문화와 일하는 방식을 바꾸지 않으면 안 된다는 것을 알게 된다. 일례로 가족주의 문화를 가지고 있는 조직이 시험 들기 용이한 조직이 된다. 경영환경이 양호할 때는 이것이 양화로서 기능한다. 서로 감싸주고 포용해주며 관계성이 끈끈하고 서로 튀려고 하지 않고 개인플레이보다는 팀플레이를 우선시하면서 그렇게 지나간다.

그러다가 경영환경이 악화하고 위기가 닥치고 동종업계에 게임의 법칙이 급속도로 변화되는 광풍이 불게 되면 과거의 자랑거리였던 가족주의 문화는 구축되어야 한다. "우리가 남이가? 가족끼리 왜 이래, 서로 감싸줘야지? 그동안 회사 위해서 기여 안 한 사람 어디 있나? 이제 와서 내치면 누가 충성하나? 왜 모든 것을 부정하고 나쁜 점만 부각시키나? 가족주의가 순기능이 있었다는 것은 왜 인정해주지 않는 건가?" 등등의 반응과 저항이 쏟아져 나온다. 일견 맞는 말이기도 하지만 회사의 생존이라는 위기상황에서는 정답이 아니다.

가족주의가 심화하면 공식적인 소통과 문제해결이 이뤄지지 않는다. 승진하는 리더들의 유형이 무난하고, 적을 만들지 않고, 선비 같고, 구성원들에게 부담을 주지 않는 좋은 리더(?) 유형들이 다수를 차지하게 된다.

ⓔ 악화가 일하는 방식을 구축한다

당연히 일하는 방식이 문제가 된다. 경영 회의나 팀장 회의 시 현상만 공유하지 실행해야 하는 과제에 대해서는 합의하고 결정하지 않는다. 회사는 밸류 체인으로 구성되어 있어서 당연히 선행공정이 후행공정에 영향을 미친다. 선행공정에서 일어나는 문제인지 후행공정에서 발생되는 문제인지가 공식적으로 규명되어야 실질적인 문제해결이 가능하고, 그 결과가 회사의 성과로 연결되는 것인데, 공식적인 회의에서 현상과 문제점, 근본 원인, 누가 책임을 지고 개선해야 되며 해당 조직이 일하는 방식을 바꾸도록 권고해야 한다.

치열한 토론이 진행되어야 하고 경우에 따라서 갈등도 일어나는데 가족주의 문화에 젖은 리더그룹들은 자기가 괜히 한마디 해서 선배에게, 후배에게, 동료에게 민폐를 끼치지 않을까 걱정을 먼저하고 입을 다물기 시작한다.

더 파고들어야 하는 순간에 멈춰버리는 것이 집단합의로 포장되어 버리고 만다. 회의를 참관한 스태프들이 회의 종료 후 우리 경영 회의와 팀장 회의는 되는 것도 없고 안 되는 것도 없다고 자조적인 반응을 보이기도 한다.

문제는 공식적인 회의에서 결정을 안 하고 실무진에게 공이 넘어오면 해결 권한이 없는 실무진은 고유업무로도 바쁜데 미결 과제를 해결하라고 던지고 지시하는 팀장이나 임원을 멍하니 바라보고만 있게 된다. 시간이 어느 정도 흐르고 나면 관련 리더들끼리 비공식적인 회동을 가지고 타협을 이루고 결국 최선안이 아니라 차선책을 선택하고 결정한다. 다치는 사람이 제일 적은 대안이기도 한 것을 결정한다. 어떤 경우에는 이미 타임을 놓치기도 하고, 최선책이 아니다 보니 100% 해결이 안 된 채, 반복될 위험성을 내포한 채 문제해결과정이 마무리되어 버린다. 그걸 보고있는 MZ세대는 조직에 대한 신뢰도 희망도 점점 잃어가게 될 수도 있다는 것이다. 이런 상태에 있는 MZ세대에게 그들이 좋아하는 회식, 이벤트로 포장하거나 근거도 없는 유연근무제, 집중근무제를 도입한다고 근본적인 리더십의 권위가 서지 않는다는 것을 알아야 한다.

ⓔ 이런 조직에 양화가 악화를 구축하게 하는 해결안

양화로서 주도적으로 악화를 구축할 수 있는 내부인력과 외부전문가를 통합적으로 활용하는 방안이 있다. 내부인력은 조직의 change agent로 사원협의체(주니어 보드) 멤버들을 선발하여 필요한 교육을 시켜서 회의방식과 의사결정 문제를 스스로 개선할 수 있는 액션 플랜을 수립하고 발표하여 공유하도록 리더로서 조직 차원에 지원을 지속적으로 해주는 것이다. 예를 들어, 회의 방식의 혁신과 변화를 위해 회의 참가자로서의 주도적인 준비와 의견발표 등을 소신껏 하도록 행동규범을 같이 만들게 하고 이를 공유한다. 그리고 훈련하는 워크숍을 기획하고 운영케 하며 모니터링 결과를 경영 회의에 발표케 하고 사후관리 계획을 수립하고 관리하게 하도록 하는 것이다.

한편으로는 경영 회의와 의사결정 방식에 대해서는 객관적으로 관찰해서 피드백 해주는 권위 있는 외부전문 컨설턴트를 활용토록 해야 한다. 경영회의와 의사결정 과정까지 내부 인력에게 맡기는 것은 현실적으로 성과를 기대하기가 어렵고, 객관적인 제삼자의 개입이 안 되면 구체적이고 객관적인 피드백이 안 될 수 있고, 과정에 잘잘못을 따지는 엉뚱한 결과를 초래하게 된다. 글로벌 기업들은 이미 오래전부터 경영회의에 전문 컨설턴트를 개입시켜 객관적인 개선점 피드백과 필요 교육을 병행시키고 있다. 나도 연수원에 근무할 때 Meeting Leading 영역에 컨설턴트를 활용하고자 시도한 적이 있었으나 그 당시 내부회의 과정을 외부컨설턴트에게 공개한다는 것을 부담스러워하는 분위기라 성사되지는 않았던 경험이 있다.

그러나 꼭 필요한 과정이다. 경영회의나 팀장 회의 후에 반드시 관리되어야 할 항목이 있다. 회의 내용을 어디까지 팀원들에게 공개하고 어떻게 공유하고 설명해야 할지를 정하고 종료하도록 해야 한다.

여기서 정보공유를 잘하는가 잘못하는가에 따라 악화가 양화를 구축하기도 하고 역으로 양화가 악화를 구축하기도 한다. 그대로 방치하면 '정보공유를 적절히 선을 지키며 잘하는 리더', '공개하지 말아야 할 것까지 공개하여 문제를 일으키는 리더', 마지막으로 '아예 무엇이 논의되었는지 입을 다물어버리는 리더'로 나뉘게 된다.

이중 마지막 리더들 때문에 유언비어와 뒷담화가 활성화되는 것을 경험해보았다. 이것도 악화가 양화를 몰아내는 빌미를 제공한다. 특히 이 부분에 민감한 MZ들에게도 악영향을 미친다.

투명한 정보공개와 함께 최고경영자와 리더들이 사안이 발생하면 자주 구체적으로 소통하는 기회를 지속적이고, 체계적이고, 전략적으로 가져야 한다. 신상필벌을 분명히 해야 한다.

말로만 떠든다고 조직문화와 일하는 방식이 혁신되지는 않는다. 상징적인 시그널이 더 영향력을 줄 수 있다. 연공서열 중심의 승진에서 성과 중심의 승진으로 파격 승진까지 포함시켜서 인사로 보여줘야 한다. 물론 승진대상자의 분포가 어느 정도의 임계점을 통과할 때까지 지속적으로 승진 인사로 보여줘야 한다. 여기까지는 교육기회나 자문을 통해서 알 수 있는 방법들이다. 정말 중요한 것은 실행단계에서 리더의 태도와 행동이 중요하다.

변화 시도 과정에서 필연적으로 발생하는 불협화음, 불만과 저항의 소리들, 팀장들에게는 팀원들의 혼란과 우려 분위기, 임원층은 양화가 악화를 구축하는 과정에서 심리적인 불안감과 자리를 잃을 수 있다는 두려움들이 닥치게 된다. 자연스러운 현상이다. 리더가 짊어져야 할 십자가라고 생각해야 한다.

MZ세대를 포함한 구성원들이 보고 있다는 사실이다. 속은 어떨지 몰라도 겉은 흔들리거나 약한 모습을 보이면 안 된다. 전쟁 중 공격 라인에 공격 준비를 하고 있는 지휘관의 표정이나 행동에 불안함이 보인다면 과연 병사들은 잘 싸울 수 있을까? 이를 생각해보면 쉽게 동의할 수 있을 것이다.

자꾸 세대 차이로 어려움을 겪고 있다고 핑계 대지 말고 리더십의 본질을 회복하는 시도를 한다면 조만간 'MZ세대에게도 통하는구나. 결국 이게 되네?' 하는 성공체험들이 사방에서 나올 수 있을 것을 확신한다.

독한 용장이냐 무능한 덕장이냐?

미디어에서 공통적으로 제시하는 MZ세대의 특성을 보면 수평적 문화를 선호하고 개인의 취향과 사생활을 선호한다고 나와 있다. 이런 MZ세대가 기업에 입사하여 적응하고자 할 때 어떤 리더십 스타일이 효과적이고 편하게 받아들일 것인가 한번 생각해보게 되었다. 이론상으로는 '부드럽고 유연하고 젠틀한 리더십이 더 통하지 않을까'라고 판단된다. 그런데 현실에서는 그대로 적용되지 않는 것을 경험했다.

대기업의 CEO를 오랫동안 역임했던 리더의 사례를 보면 성과에 대해서 타협하지 않고 큰 그림만 보지 않고 단위사업의 영업 수치까지 꼼꼼히 보고, 지적하고, 수정을 요구하는 리더십 스타일을 발휘했다. 월말 실적이 취합되기 하루 전까지도 포기하지 않고 담당 사업부장을 몰아붙여 독하다는 소리를 들었던 리더였다. 너무 디테일한 관리를 하는 것에 대한 비판도 있었고 너무 독하게 성과 중심으로 드라이브를 거는 것으로 조직과 구성원들이 번아웃 되고 있다는 우려의 목소리도 계속 제기되고 있었다.

그러나 연말 성과급 시기가 다가오고 성과급이 지급되면서 분위기가 바뀌기 시작한다. 특히 다른 회사들이 경영환경 악화로 저조한 경영실적을 내고, 다른 최악의 회사는 '성과급 없음'으로 판정받고 있는 것을 알게 된 구성원들은 이 독한 리더에 대한 반발감에서 지지로 태도를 바꾸기 시작했다. 그중에 MZ세대 사원들의 반응이 아주 구체적이었다. 목표달성에 대한 압박감에 시달릴 때는 정말 숨 막히고 욕도 나온 것이 사실이지만, 어찌했든 리더의 채찍질로 목표를 달성했고 타 회사에 비해 월등한 보상을 받고 나니 이런 스타일의 리더가 오히려 좋다고 생각한다는 것이다. 물론 다시 또 힘든 과정이 기다리고 있지만, 덜 시달리고 실적이 안 좋아 성과급을 못 받는 것보다는 이 상황과 리더십을 선호한다고 하였다.

비교되는 리더십

같은 시기에 회사의 리더십과 반대되는 다른 업종의 리더십 스타일을 갖춘 CEO도 있었다. 전략적 사고를 강조하고 디테일보다는 큰 그림을 보자고 강조하는 스타일이었다. 임직원에게 항시 젠틀하고 사원에게도 존대하는 리더였다. 영업실적 검토 회의에서는 당장의 실적도 중요하지만 지속적으로 먹을거리를 창출해내는 전략적 대안을 사업부장들에게 더 많이 요구하였다. 불행히도 이 업종은 경쟁이 치열하고 발로 뛰는 영업도 병행되어야 실적이 유지되는 비즈니스였다.

처음에는 전임사장과 비교해 뭔가 스마트하고 합리적인 사장에 대한 기대감이 꽤 높았고 사원들도 긍정적인 변화가 일어날 것으로 희망을 품었다. 그러나 1년이 흐르고 연말에 회사성과평가와 성과급 지급 시기가 되었을 때 저조한 경영실적으로 성과급 지급이 제로가 되었다. 사원들의 실망감과 사기 저하가 눈에 보일 정도였다. 이때까지는 사원들의 반응도 반반으로 나뉘었다.

한 그룹은 "그래도 무식하게 실적만 가지고 밀어붙이고 마른 수건 또 짜기를 하는 독한 리더보다는 비록 실적달성은 실패했어도 합리적이고 젠틀한 사장이 더 좋은 것 아니냐"라는 입장이었다. 그리고 단기적으로는 실적달성에 실패했지만, 내년에는 실적이 호전될 것을 믿는다고 지지의 입장을 표하였다.

반대로 다른 그룹은 "회사는 실적이고 그에 따른 보상을 받아야 하는데 일단 목표달성을 못 하고 사원들에게 중요한 성과급을 받지 못한 것은 사장의 책임이고 역량이 부족한 것 아닌가? 아무리 직원에게 존대하고 젠틀해도 그게 무슨 의미가 있느냐"

라며 비판했다.

하지만 문제는 2년 차, 3년 차에도 실적달성을 이루지 못하고 성과급을 제대로 받지 못하게 되면서 패배주의와 사기가 완전히 저하되어 버렸다는 점이다. 결국 초조해진 사장도 스타일을 바꾸려 노력했지만 이미 조직 내 분위기를 변화시키는 데 중요한 시기를 놓쳐버린 것이다.

이런 사태가 벌어지면 정말 죽도 밥도 안되는 회사가 되어 버리고 MZ세대의 이탈을 초래하게 된다. 아이러니하게도 다시 사장이 교체되었고, 영업통의 사장이 부임하면서 이른 아침 출근 전 임원회의를 주재했으며, 임원들은 출근 시간에 맞춰 팀장회의를 하고, 팀장들은 오전부터 직접 영업장을 돌면서 팀원들을 독려하는 등 일하는 방식을 독하게 만들면서 회사가 변화되기 시작했다. 그리고 결국 수년간 받지 못했던 성과급을 계속 받을 수 있게 되었다. 사원들에게 어떠냐고 질문했을 때 힘들지만 힘든 만큼 보상을 받을 수 있으니 힘도 나고 동기부여도 된다고, 차라리 이런 상황이 더 좋다고 하였다.

독하지 않고 부드러우면서도 성과를 내는 리더는 없는가?

이런 유형은 MZ세대 말고도 모든 세대의 구성원이 바라는 리더십일 것이다. 정상분포곡선으로 보면 극소수의 최상위에 속한 리더가 이런 유형의 리더가 아닐까 생각한다. 정확히 설명하자면 외형적으로는 부드럽고 젠틀하지만 성과 관리에 있어서는 역시 독한 모습을 보이는 것을 볼 수 있었다. 겉으로는 항시 험한 말을 사용하지 않고 공개회의 석상에서 큰소리를 내거나 무안을 주는 일이 거의 없고, 합리적이라고 평가받을 만큼 소통을 빈번하게 하여 사원들에게 민주적이라고 호평을 받는다.

그러다가 주위 사람들이 의외라고 할 정도로 돌변하는 상황이 있다. 실적 점검 및 성과평가 미팅 때에는 절대로 변명 같은 실적 미달 사유를 인정해주지 않고 연말 임원 인사 시 실적이 저조한 임원들에게 추가기회를 주지 않고 퇴임시켰다.

임원이나 팀장들은 어려워하고 무서워하지만, 사원들은 이런 리더들을 좋아한다. 사원들은 직접적으로 가혹하거나 단호한 조치를 겪지 않고 매년 실적달성으로 인한 성과급이라는 보상을 받게 해주는 리더이기 때문이다. 결론적으로 외형적인 말투와 소통방식, 일하는 스타일에서는 독하지 않고 거칠지 않게 보일 수는 있으나 본질적인 이슈인 목표달성과 성과관리 측면에서는 양보하지 않고 독하고 거친 모습으로 돌아간다.

◎ 본질적인 이슈는 성과관리

MZ세대에게 독하고 거친 리더십 스타일이 잘 먹힐 수 있는가에 대해 우려를 하는 시각들이 많이 있고, 단골 메뉴처럼 시대가 바뀌었고 MZ들이 수직적 문화보다는 수평적 문화를 선호하기 때문에 리더십 스타일도 변화를 가져와야 한다고 주장하는 의견도 많이 나오고 있다. 그러나 중요한 것은 리더십 스타일이 아니라 리더십의 본질적 이슈를 놓치지 않고 지속적이고 일관되게 유지해야 한다는 것이다.

앞서 사례로 상반되는 리더십 유형을 설명했지만, 중요한 것은 조직의 성과를 제대로 달성하고 그에 맞는 보상을 해줘야 하는 것이다. 과정에서 불편하고 힘들고 자기들한테 잘 맞지 않는 것 같은 어려움은 '본질'이 아니다. 과정을 뚫고 목표를 달성해내고 '내가 해냈구나'라는 뿌듯함과 해낸 만큼의 보상을 받을 수 있어야 존재감도 생긴다. 앞의 사례에서 월말 마감이 며칠 안 남은 시점에서 그 짧은 시간에 미달한 목표를 100으로 만들라고 하는 독한 사장의 도전이 어찌 보면 어이가 없고 상식적이지 않아 보인다. 하지만, 그 와중에 머리를 맞대고 절벽 끝에 서는 심정으로 이리 뛰고 저리 뛰면서 기적같이 실적을 100으로 만들어낸 경험을 했다고 고백하는 사원들과 인터뷰를 한 적도 있었다. 당시는 욕까지 해대면서 "우리보고 어쩌라는 것이냐, 도둑질이라도 해서 채우라는 거냐, 아무리 회사의 실적이 중요하다고 하지만 너무 한 것 아닌가"라고 분노했지만, 막상 해내고 보았더니 "어, 이게 되네"라는 생각이 자리 잡더라고 했다.

MZ세대는 평가와 보상에 민감하다고들 한다. 좋은 특성이라고 생각한다. 대신 명확한 성과를 내지 못하면 보상도 없다는 것을 분명히 알려주고 예외 없이 적용해야 한다. 이 과정에서 불만의 목소리가 터져 나올 수 있지만, 리더가 흔들리면 안 된다. 일은 고되게 하기를 원치 않으면서 보상은 그대로 받으려고 하는 분위기가 조직에 퍼지게 되면 조직은 더 이상 성장과 발전에 대한 희망이 없어진다. 더 큰 문제는 유능한 인재들이 이탈한다는 것이다. 리더십 스타일은 상황과 맥락에 맞게 지속적으로 고민하되 본질적 이슈는 항상 중심에 붙들고 있어야 한다.

충신과 양신, 그리고 좋은 부하 되는 법

《정관정요》는 당 왕조의 2대 황제인 태종과 그를 보좌한 명신들과의 정치 문답집이다. 오래전부터 제왕학의 대표적인 교과서로 꼽혔다. 당대의 역사가인 오긍이 저술했으며, <군도편>에서 <신종편>에 이르기까지 10권, 40편으로 구성되어 있다. 《정관정요》에는 위징이라는 현명한 신하가 충신과 양신을 구분해 설명하는 장면이 나온다. 이를 요약해 보면 다음과 같이 정리된다.

> 충신은 바른말을 해 자신은 죽게 되고 군주에게는 폭군이라는 오명을 씌우는 신하다. 그러나 양신은 자신도 세상의 칭송을 받고 군주에게는 명군이라는 명예를 얻게

하는 신하다

위징이 말하는 양신은 목표를 중시하고 이를 달성하기 위해 주변을 지혜롭게 설득하는 사람이다. 이런 유형의 인물은 필요하면 얼마든지 자신을 굽힐 수 있고, 돌아서 갈 줄 안다. 이에 비해 충신은 목표의 달성 여부보다 소신이 중요한 사람이다. 강직하다는 평가를 받을 수 있지만, 상대방의 입장은 안중에 없다. 달리 표현하면 양신은 실질을 중히 여기고 충신은 명분을 중시한다고 할 수 있다.

우리나라에서는 죽음을 불사하며 직언을 서슴지 않는 충신을 양신보다 높이 평가하는 문화가 있는 것 같다. 또 역사 속에서 충신을 떠올리기는 쉬워도 양신을 찾기는 어렵다.

충신과 양신, 조직 속에서 난 무엇을 선택할 것인가?

이런 질문을 던질 수도 있다. 하지만 현실로 돌아오면 그렇게 간단히 답을 할 수 있는 질문이 아니다. 위징이 설명한 양신이 결국 더 지혜롭고 프로다운 신하의 모습인가? 어디까지 굽히고 돌아가야 하는가? 어느 정도의 시간을 인내해야 하는가? 즉 지킬 수 있는 선이 어디까지인가? 이것이 문제라고 생각한다. 이건 상대방인 왕이나 황제의 그릇의 크기에 달려있기도 하고, 사고를 치는 결과나 파급 효과가 심각하고, 당장 민생을 도탄에 빠뜨리거나 나라를 다른 나라의 침략으로 위태롭게 하고 있는가에 따라 조금의 차이를 두어야 할 것 같은 생각이 든다.

현실로 회귀하여 적용해 본다면 조직이나 기업에서 왕은 사장이나 회장이 될 수 있을 것이다. 그런데 계속 잘못된 의사결정을 하여 회사나 사업을 위태롭게 하고 인재를 중용할 때 사업능력도 부족한데 자기들 앞에서 듣고 싶은 말만 하거나 립서비스를 잘하는 달인들을 중용하면서 조직의 역량을 무너뜨리고 있다면 어떻게 할 것인가. 소위 간신배의 특성을 가진 리더들은 사업의 본질에 올인하지 않고 사장이나 회장이 관심을 갖는다고 하면 조직의 자원을 빼서 비즈니스의 본질이 아닌 영역에 모든 것을 쏟아붓는 어처구니 없는 행태를 보이기도 한다. 의전이라고도 하고 프로토콜이라고도 하지만, 이것을 유난히 좋아하는 사장의 비위를 맞추기 위해 해외법인 방문이 진행될 때 고객 채널 중에 '자기 회사에 호의적인 채널', 그리고 '아직 관계가 우호적이지 않으나 우호적인 채널로 만들어야 하는, 전략적으로 중요한 채널' 이들 둘 다 보여주어 현실적인 어려움을 공유하도록 하는 것이 균형 잡힌 의전인데도 자신이 잘하고 있음을 어필하기 위해 '법인과 우호적인 채널'만 보여줘 '아! 이 지역은 우리 회사에 유리하게 고객과의 관계성이 맺어져 있구나'하는 잘못된 믿음을 주게 하는 등 회사에 해가 되는 일을 저지른다. 그럼에도 이런 유형의 리더들은 음식과 특산물, 사장이 좋아하는 관광코스를 치밀하게 준비하여 사장을 기쁘게 해주는 데 모든 에너지와 조직의 역량을 집중한다. 사장들은 단순히 접대를 잘했다고 생각하기보다는, 지역을 장악하고 있고 나를 기쁘게 할 수 있다는 것은 이 지역의 주요고객들을 잘 대접하고 관리하는 능력이 있는 것으로 해석하기도 한다. 심한 경우는 법인의 실적이 좋아도 의전에 실패하면 법인장으로서의 역량을 의심하게 되는 경우가 종종 일어나기도 한다.

사실 그대로 사장에게 보여주고 이슈와 문제점을 솔직히 의논하는 것이 법인의 성과에 미치는 영향은 훨씬 크다. 당장 사장의 호통이나 지적이 힘이 들고 부담스럽지만, 그 순간이 지나면 문제해결을 위한 지원이 뒤따를 수 있기 때문이다. 일례로, 전략적으로 우리 편으로 만들어야 할 주요 채널이 있다면 이번 기회에 회사의 대표가 방문하니 해당 채널의 대표와 정상회의를 하자고 제안할 수도 있다. 또 정상회의가 성사되면 법인장으로서보다는 사장 대 사장으로서 상호협조 이슈를 더 빠르게 진행할 수 있는 기회가 되기 때문이다. 이걸 보아도 회사의 성과에 미치는 영향은 정반대의 결과로 나타날 수 있다.

이럴 때 출장에 동행한 당신이라면 충신의 역할을 할 것인가, 아니면 양신의 역할을 할 것인가? 아마도 당시의 상황과 맥락에 따라 판단기준을 세워야 할 것이다. 그런 왜곡된 정보와 실체를 보여주더라도 여전히 해당 법인에 성장 가능성이 내재해 있고, 전부는 아니지만 특정 시장이나 제품군에 경쟁력을 유지하고 있다고 가정해보자. 즉, 당장 망해가는 것이 아니라면 양신의 역할을 해서 시간을 두고 잘못된 정보라는 것을 사장에게 순차적으로 피드백하거나, 다른 법인으로 이동 시 자연스럽게 법인 간의 비교문서를 통해 과장되어 있음을 인식시켜주는 우회 전략을 활용해도 문제가 없을 것이다.

또 하나의 문제가 있다. 사장의 방문을 지켜보고 있는 다른 해외 법인과 국내에 사업부장과 스태프들이다. 다음 방문을 대비하고 있는 법인장이라면 역시 법인의 실체를 있는 그대로 보여주기보다는 '지금 잘나가고 있는 제품군이나 우리 법인과 전략적인 제휴를 하고 있는 채널들 위주로 보여줘야겠구나. 중장기적인 해결과제는 불편한 아젠다일 수 있으니 제외하고 현시점의 성장하고 있는 수치 중심으로 보고드려야겠다'라고 판단한다. 그리고 의전에 특별히 신경 써야겠다고 생각해 주위의 법인에도 이런 학습효과를 전파시키고 만다. 국내에서 보고 받고 있는 스태프나 사업부장들도 보고서를 수정하기 시작한다. 골치 아픈 아젠다는 되도록 줄이고 희망적인 이슈 중심으로 재정리한다. 법인 관리팀은 현재 법인이 안고 있는 문제점은 전략적으로 축소시킨다.

전문경영인 사장이라면 오너 사장과 비교했을 때 상대적으로 조직에 미치는 폐해는 덜하다. 전문경영인은 주어진 임기가 있기 때문이다. 오너 사장의 경우라면 문제는 심각해진다. 왜냐하면 오너는 임기가 없기 때문이다. 사장은 스스로 사람 보는 눈을 길러서 내 앞에서 예쁘게 얘기하고 신경을 건드리지 않는 리더들이 진정으로 나에게 간신인지 충신인지를 구별할 줄 알아야 한다. 그리고 적절하게 자신의 행동을 변화시킬 때까지 회사가 기다려줘야 하는데 치열한 경쟁 구도 속에서 시간적인 여유가 보장될 수 있는지는 누구도 장담하지 못한다.

이래서 충신으로 사는 것도 힘들고 양신으로 변신하기도 힘든 것이 현실이다. 충신과 양신을 나누는 기준은 절대적이라기보다는 상대적인 것이다. 리더의 그릇의 크기가 주변의 부하들을 양신으로 만들 수 있는 변인이라고 조심스럽게 주장하고 싶다.

새로 부임한 사장이 회사라는 조직을 제대로 만드는 데는 보통 3년 이상 소요된다고들 한다. 사장의 리더십이 잘못 발휘되면 탄탄했던 조직이 무너지는 데는 채 1년이 안 걸린다고 자조적으로 말한다. 조직이 무너지기 시작하면 가장 먼저 무너지는 것이 핵심인력의 이탈이다. 이 조직이 더 이상 자신들에게 비전을 주지 못하고 주변을 둘러싸고 있는 간신 같은 유형의 리더들만 보이고, 그런 사람들을 승진시키고 하는 것을 보면 근무 의욕도 떨어지고, 동기부여는 밑바닥을 친다. 마음 약한 인력들은 전성기 시절의 회사를 그리워하며 삼삼오오 뒤에 모여서 한숨만 쉬게 된다. 이때가 갈등이 극에 달하는 시간이 된다. 리더로서 충신의 길을 가야 하는가 양신의 길을 가야 하는가 고민의 끝에 서게 된다. 용기 있는 선배 리더가 충신의 길을 자처하고 사장에게 직언했더니 결과적으로 정기임원 인사에서 퇴임하는 일이 눈

앞에 벌어지면 더욱 고민과 갈등은 심화된다. 직언이 통하지 않는다는 것이 증명되었기 때문이다. 양신은 굽힐 줄도, 알고 돌아갈 줄도 아는 것이라고 하는데 역량 있는 부하들은 이직 면담을 요청하고 남아 있는 핵심인력은 언제까지 기다려야 하냐고 질문하는 것을 듣는 일상은 우울함으로 점철된다.

결정은 개인이 해야 한다. 부하들의 미래를 생각하면서 인내심을 가지고 지속적으로 실력을 갈고닦는 시간들을 자신의 재량이 허락하는 범위내에서 가지고 때를 기다리는 양신의 입장을 고수할 것인가? 아니면 철저한 준비를 하고 사장에게 현실을 제대로 알려주며 해결책을 제안하고 직언을 하는 충신의 입장을 취할 것인가? 물론 이때는 플랜B가 준비되어야 한다. 관계가 악화되는 경우를 대비하여 이직 준비를 해야 한다.

좋은 부하가 좋은 리더가 될 가능성이 높다!

좋은 부하란 어떤 부하일까? 상사의 입장에서 생각해 보았다. 전략적인 강점이 있는 부하라면 리더가 위기에 처했을 때 방패가 되어줄 수 있는 부하, 그 위기가 상사가 자초한 위기이든 시기와 질투의 희생양이 되어 당하는 위기이든 간에 상사의 리더에게 불려 가서도 당당히 오해받고 있는 부분에 대해 분명히 아니라고 말해줄 수 있는 부하이다. 또 관련자들에게 앞뒤 맥락을 설명하여 이해를 구하고 우군으로 돌아서는 계기를 마련해 주는 부하를 좋은 부하라고 할 수 있다. 보통의 경우에는 상사의 상사가 진상 파악을 위해 면담을 하는 자리에서 질문을 하면 상사의 상사에게 "오해이고 사실이 아니다"라고 면전에서 당당히 얘기할 수 있는 부하가 많지 않다. 현실 속에서는 상사의 상사가 자신의 가정을 사실화하려고 유도 질문을 하는 사례가 많이 발생하기 때문에 더욱 그러하다.

또 다른 측면에서는 상사가 잘못된 현실 인식을 하고 있음에도 본인이 알지 못하고 그것을 기준으로 의사결정을 해나가는 실수를 반복하는 상황이 벌어지는 경우 사실과 다르다는 직언을 할 수 있는 부하라고 말하고 싶다. 물론 실제로는 부하로부터 이런 직언이나 피드백을 받으면 불편해하지 않는 리더는 그리 많지 않다. 화를 내거나 받아들이지 않을 수 있다. 평소 부하를 얼마나 신뢰하느냐와 본인의 그릇의 크기에 따라 반응하는 것이 보통이다. 그럼에도 좋은 부하는 재차 직언과 피드백을 해줄 수 있어야 한다. 정상분포곡선 안에 위치하고 있는 리더라면 시간이 흐르면서 부하가 충신임을 깨닫고 귀를 열기 시작한다.

양신과 충신 중에 무엇을 선택해야 하는가? 리더에게도 리더가 존재한다. 리더는 누군가의 상사이자 누군가의 부하가 되기도 한다. 나의 상사에게 나는 어떤 부하인가, 더 나아가 어떤 부하가 되는 것이 필요한가를 생각해보는 데 '충신이냐 양신이냐'의 프레임을 사용해 보는 것은 중요하다. 상사의 입장과 부하의 입장 양쪽을 폭넓게 생각해 보는 것이다. 생각의 스펙트럼을 넓

혀 보면, 리더의 리더가 되었을 때 간신과 충신을, 때에 따라 양신을 구별할 수 있는 관점이 생길 것이다. 이 또한 리더의 그릇이 얼마나 큰가에 달려있다. 그래서 좋은 부하가 되는 노력은 결국 좋은 리더가 되는 길과 통한다. 부하들에게도 교육시켜야 한다. 언제까지 부하 노릇만 하지 않는다고, 때가 되면 리더의 직책을 받을 것인데 그때를 대비하는 훈련으로 좋은 부하가 되기 위해 연습해야 한다고 분명히 알려줘야 한다. MZ세대 부하들에게도 이 메시지를 전달해야 한다. 언제까지 MZ사원으로 남지 않을 것이니까!

리더의 원맨쇼로는 조직을 성공시킬 수 없다

급격한 경영환경의 변화가 눈에 보이는 영역과 눈에 보이지 않는 영역 양쪽 모두에서 진행되고 있는 것 같다. 눈에 보이는 영역이 디지털 혁신의 세계라면, 눈에 보이지 않는 영역은 사람들의 가치관과 우선 순위 등일 것 같다. MZ세대의 문제도 라이프스타일은 겉으로 노출되어 있지만, 잘 보이지 않는 영역은 일에 대한 생각, 삶에 대한 접근 방식 등이 아닐까 싶다.

이런 환경 속에서 기업을 생존케 하는데 그치지 않고 지속적으로 사업기회를 창출하고 시장과 고객으로부터 인정받고 더 성장·발전시키는 기업들이 등장하고 있다. 글로벌 기업이 많은 미국의 경우는 유명잡지나 미디어의 맨 앞을 장식하는 것이 해당 기업의 오너나 최고경영자들의 사진과 성공 스토리이다. 마치 영웅의 등장 같은 전개를 하는 것이 일반적이다.

한국기업에도 유사한 영웅들이 없었는가 생각해보면 재벌 총수라고 불리는 창업자들이 있었다. 개인적인 소견이지만, 한국은 미국만큼 기업의 오너를 영웅시하지는 않는 것 같다. 물론 지금도 오너의 세대교체가 성공적인가에 따라 해당 기업의 실적과 주가가 영향을 받고 있다. 아직까지도 오너의 능력이 기업의 운명에 중요한 변수가 되고 있다. 그러나 예전과 비교하면 오너나 최고경영자의 실력이 기업의 성과에 미치는 정도가 조금씩 줄어들고 있는 경향이 보인다고들 한다. 오너가 승계된 대기업의 경우 새로운 오너의 존재감이 이전 오너 경영자보다 약함에도 불구하고 실적과 성과는 일관되지는 않지만 어느 정도 유지되는 것을 보면서, 외부의 시각은 조직의 시스템이 받쳐주고 있고 전문경영자들의 파워가 공백을 메워주는 것이라는 평가를 하고 있는 것을 듣게 된다.

⊜ 특출한 리더 혼자만으로 안 되는 시대의 변화

어떤 변화의 시대이기에 리더의 원맨쇼가지고는 한계가 온다는 것일까? 고급스러운 전략적 관점이 아니라도 조직에서 일하며 느끼는 변화의 압박은 막으려 해도 실시간 정보가 공유되고 고객클레임이 완충지대 없이 바로 공개되어 미처 대응할 준비시간을 주지 않는 것이다. 지구촌에서 일어나는 사건 사고가 바로 비즈니스에 영향을 주고 이웃 나라에서 발생한 전염병이 전파되기도 전에 언론을 통해 실시간 중계가 됨으로써 관련이 없는 사업영역에 불똥이 튀기도 하는 시대이다. 고객과 시장이 참아주지를 않는 상황이 더 강화되고 있다. 역량 있는 리더가 상황을 신속히 파악하고 빠르게 의사결정을 해내어 문제를 해결하는 확률이 점점 떨어진다. 보고와 결정의 소요시간에 고객은 항의하고 방송이나 미디어 하다못해 SNS에 사안이 널리 퍼져버리면 이미 엎질러진 물이 되어 버리고 진실을 알리는 것이 변명이 되어 버린다. 현장에 담당자의 역할이 중요할 수밖에 없다. '선조치 후보고'라는 행동규범이 등장하고 교육되는 이유이기도 하다. 글로벌 사업현장에서도 중요해지는 행동규범이다.

⊜ 리더만 바라보지 않고 조직의 힘으로 성공시키려면?

팀워크를 통해 집단지성을 최대화하여 위기를 극복하거나 신규사업을 성공시키는 성공체험을 학습시켜야 긍정적인 선순환의 사이클이 돌게 된다. 조직의 시너지가 어떤 힘을 가지고 있는지를 체험케 해야 한다.

생생한 실사례가 우리 주변에 있다. 잉글랜드 프리미어리그라는 프로축구의 장이 있다. 평소 축구에 관심이 많은 편은 아니었지만, 손흥민이라는 한국 축구선수가 뛰고 있어서 보게 되었다. 토트넘이라는 클럽에서 아시아인 최초로 주장 완장을 차게 되었고, 케인이라는 최고 스타가 독일 분데스리가로 이적하면서 본래의 포지션인 왼쪽 윙어에서 최전방 스트라이커의 역할을 갑자기 맡게 되었다. 개인 역량만으로 토트넘이라는 축구클럽의 성적을 좌지우지할 정도로 탁월한 선수라고 축구전문가들이 칭찬하는 것을 듣고 있지만, 경기 장면을 보게 되면 최전방에 고립되어 동료들로부터 패스를 받지 못하고 골찬스를 얻지 못해 난감해하는 표정을 중계카메라가 잡고 있는 모습을 가끔 볼 수 있었다. 아주 드물지만 손 선수가 경기 후 인터뷰에서 답답함과 서운함을 돌려서 말하는 경우가 있었다. 아무리 주장인 리더이면서 슈퍼스타로서 역량을 가지고 있다 하더라도 나머지 10명 동료들의 도움을 받지 못하면 축구경기의 승리는 보장되지 않는다는 것과, 축구라는 스포츠가 철저히 팀워크 싸움이라는 것을 알게 되었다. 동료들 간의 역할 분장에 따라 수비는 수비수의 맡은 임무에 몸을 던져 책임을 져야 하고, 공격수는 본인에게 주어진 역할과 책임에 따라 기회를 만들고 반드시 골을 넣어 팀에 승리를 안겨야 하는 것이다. 이를 위해 밑바탕이 되는 것이 개인보다 팀을 우선시하고 팀원들 간 상호 신뢰하고 동료가 실수했을 때 비난보다 감싸주며, 자신이 골을 넣고 싶은 욕심을 억제하고 팀 승리를 먼저 생각하는 것이 기반이 되어야 그 팀이 좋은 성적을 계속해서 낼 수 있다는 것을 적나라하게 보여주는 것이 축구임을 깨닫게 되었다.

기업도 조직도 어찌 보면 프로축구와 동일하다. 일회성 성공이 아니라 지속적으로 탄탄한 경쟁력을 갖춘 조직으로 성장하고 잘나가기 위해서는 결국 특별한 리더도 있으면 좋지만 조직 구성원들의 역량의 합이 점점 더 향상되는 결과를 보여야 한다.

가끔 똑똑한 리더들이 힘들어하는 것이 있다. 일할만한 사람이 없다는 것이다. 모든 것을 혼자 결정하고 관리해야 하기에 지친다는 것이다. 더 힘 빠지게 하는 것은 지시하고 시키는 것만이라도 제대로 했으면 하는데 그것도 제대로 하는 사람이 소수이다 보니 혼자 북 치고 장구 쳐야 조직이 돌아가는 것을 보면서 마음이 무너질 때가 많다는 것이다.

이것을 어떻게 극복해야 하는지 질문을 받아본 적이 꽤 있다. 특출난 한 사람의 리더가 조직을 성공시키는 시대는 지나가고 있다고 하는데, 현실은 그렇지 않다는 반론이기도 함을 바로 이해할 수 있었다. 그럼 언제까지 혼자 다 할 수 있다고 생각하는지 질문하고 싶었다. 왜 부하들은 시키는 것만 하려 하고, 시키는 것도 제대로 하지 못하고 있는지 냉정하게 돌아보아야 한다. 리더 혼자 뭔가를 가르쳐줘야 한다고 생각하는 것은 답이 아니다. 이때는 교육 훈련이 적절히 투입되어야 한다. 원래 부모가 선생님이라도 자기 자식은 잘 가르치지 못하는 법이고, 아버지가 수학 선생이라도 자녀를 수학학원에 보내는 이치도 그러하다. 기획력이 부족하여 기획보고서를 기대수준에 못 미치게 작성하는 경우는 기획서 작성 관련 교육과정에 교육을 보내야 한다. 제삼자인 전문가가 객관적으로 설명하고 강조하면 편견 없이 받아들이고 더 권위 있게 느낀다.

MZ세대 직원들도 동일하다. 그와 함께 지시를 내릴 때는 명확한 역할과 그에 따른 책임을 알려주고 과제의 구체적인 결과물에 대한 이미지와 기대수준을 분명히 알려주며, 동의를 구한 후 재확인 절차까지 마치고 돌려보내야 한다. 본인이 연초에 수립한 개인 목표 항목과 어떻게 연관되어 있는지도 언급하여 평가에 반영하겠다는 것을 분명히 해야 한다. MZ세대의 일하는 방식에 대한 사례를 들은 적이 있다. 리더가 보고서 작업을 지시하면 작성한 후 리더에게 보고하는 것으로 임무완수라고 생각한다는 것이다. 보고서에 대해 보완사항을 피드백하면 피드백을 참고해 다시 작업하여 완성된 보고서를 제출해야 함에도 '자기는 보고서 작성한 것으로 임무가 종료된 것이고, 손을 대고 보완하는 것은 리더가 알아서 해야 하지 않는가'라는 식으로 반응한다는 것이다. 리더 입장에서는 어이가 없다고 한다. 보고서 작업을 지시할 때 위에서 언급한 대로 어디까지 해야 임무 완수인지를 구체적으로 알려주고, 이해했는지를 분명히 확인하는 절차가 있어야 한다. 언제까지 그런 절차를 반복해야 하냐고 묻고 싶은 리더들이 있을 것이다. 답은 '개선의 모습이 보일 때까지'이다.

똑똑한 리더의 개인역량이 조직성과에 지대한 영향을 미치는 것은 나쁜 것은 아니나 한계에 부딪히게 된다. 리더가 떠나거나 부재 시에는 성과가 유지되지 못한다는 위험성이 존재하기 때문이다. 그래서 현장에서는 이런 얘기들을 한다. 진짜 리더십의 평가는 리더가 자리를 장기간 비워도 해당 조직이 흔들리지 않는지에 따라 판가름난다는 것이다. 평소에 그렇게 조직을 훈련시키고 육성했다는 증거이기 때문이다.

그렇다면 '리더는 특출날 필요가 없는가?'라고 반박할 분들은 없으리라 생각한다. 조직의 지속적인 성과를 담보하기 위해서는 리더가 교체되더라도 조직에 이미 역량이 축적되어 있어 약간의 호흡을 맞추는 시간은 필요할지언정 곧 정상을 찾아가는 조직을 지향해야 한다.

리더십은 조직의 생태계를 만드는 것이다

에코시스템은 생태계를 의미한다. 〈나무위키〉에서는 생태계는 상호작용하는 유기체들과 또 그들과 서로 영향을 주고받는 주변의 무생물 환경을 묶어서 부르는 말이라고 정의한다. 같은 곳에 살면서 서로 의존하는 유기체 집단이 완전히 독립된 체계를 이루면 이를 생태계라고 부를 수 있다. 이 말은 곧 상호의존성과 완결성이 하나의 생태계를 이루는 데 꼭 필요한 요소라는 것이다. 애플에서 스마트폰을 출시하면서 사용했던 용어로 이제는 비즈니스 모델이나 경쟁 전략을 다룰 때 자연스럽게 사용하고 있다.

리더십도 생태계가 있다. 리더십 공동체를 이루는 것이 곧 리더십 생태계라고 볼 수 있고 에코시스템이라고 정의하고 시작하겠다. 상호의존성이라는 특성은 동일한 회사와 조직에서는 통하는 말이나, 동종업계라도 경쟁사의 리더십 공동체와는 상호의존하려고 하지 않는다. 공식적이든 비공식적이든 정보를 주고받고 상대회사의 리더십이 어떻게 발휘되고 영향을 미치는지, 그로 인해 조직문화가 어떻게 형성되고 일하는 방식이 차별화되고 있는지를 알고는 싶어 해도 다 같이 모여 이 문제나 이슈를 논의하거나 한 방향으로 나아가자고 하거나 행동을 같이하려고 하지는 않는다.

그러나 이제는 필요한 상황이 되었다. 리더십 행동도 이젠 업계표준을 만들고 공유해야 한다.

리더십 공동체가 필요한 이유

현 상황은 리더 개인의 리더십 역량의 문제로 접근해서는 해결되기가 어렵게 흘러가고 있다. 미국과 일본을 방문하여 물어보면 세대 간 갈등이 약간 있긴 해도 한국 기업에서와 같이 MZ세대의 문제가 이슈화되고 있지 않다. 그 이유가 무엇일까 곰곰이 생각해보니 미국기업은 기본적으로 리더에게 분명한 권한을 부여한다는 것이다. 인사와 예산권이다. 미국기업의 리더는 쉽게 말해서 매년 성과평가를 하여 저성과자를 퇴사시킬 수 있다. 한편으로 자신의 조직에 부여된 예산을 가지고 리더의 책임하에 필요 인력들을 채용할 수 있다. 극단적으로는 리더에게 1억의 예산이 배정되었으면 1억 연봉짜리 한 사람만 채용할 수 있는 것이다. 물론 여기에는 리더의 책임이 따르고 잘못되면 리더도 회사를 떠나야 한다.

미국의 대기업들 특히 우리에게 잘 알려진 실리콘밸리의 기업들은 출퇴근 시간이 유연하고 자유롭다. 재택근무도 사안에 따라 선택 가능하다. 지각이라는 단어를 거의 사용하지 않는다고 한다. 그런데도 주말에 나와서 일을 하기도 한다. 본인의 일을 완결지어 성과평가를 목표 기준에 맞추어야 연말평가 시 불행한 일이 발생하지 않기 때문이다. 주말에 나와서 일하는 사람들이 얼마나 조직에 충성도가 있는지 알 수 없다. 분명한 기준이 있고 인사시스템이 기준에 따라 적용되기 때문에 우리 기업에서 벌어지는 일들이 일어나고 있지 않는 것이다. 야근을 해야 되는지, 주말에 나와야 하는지 리더가 구성원들의 눈치를 봐야 한다는 한숨이 근본적으로 나오지 않게 된다. 리더들이 한국의 리더들보다 잘나서 그런 것 같지는 않다. 인사시스템이 그렇게 정착되었고 작동되고 있기 때문이다.

그럼 일본은 왜 상대적으로 우리보다 적게 MZ문제가 일어나고 있는가. 일본으로 해외연수를 간 적이 있었다. 통역을 하시는 분이 유학 와서 일본에서 교수 생활까지 하고 30년 동안 살고 있는 분이었다. 마침 일본의 정신과 문화가 어떻게 형성되어 왔는지에 대해 연수 전에 특강을 하는 것을 듣게 되었다. 그동안 상식적으로 책과 방송을 통해서 알고 있었던 수준이 아니라 매우 깊이 있는 분석과 연구를 통해 도출된 내용들이었다. 한마디로 어릴 때부터 의식화 교육을 받고 자란다는 것이다. 회사에 들어가서 열심히 일하지 않고 민폐를 끼치면 안 된다고 반복교육을 받고 성장했으며 회사의 일이 사명이라고까지 교육을 시킨다는 것이다. 이러다 보니 야근의 문제가 있을 때 주말에 일하는 문제가 한국 기업에서처럼 갈등의 사유가 되지 않는다는 것이다.

일본 기업의 리더보다 한국 기업의 리더가 유능하지 못해서 MZ문제가 발생하는 것이 아니라는 점을 얘기하고 싶다. 미국의 인사시스템, 일본의 일하는 문화와 직업관이 우리하고는 다르기 때문에 발생하고 있는 것이다. 여기에 방향을 분명히 잡아야 하는 리더들이 흔들리고 있어서 발생하는 현재의 문제라고 말하고 싶다. 그래서 이 문제 해결을 리더십공동체인 에코시스템을 같이 만들어서 해결해보자고 제안하고 싶은 것이다.

지금 당장 미국기업의 인사시스템을 도입하기에는 많은 장애물과 해결해야 할 법적인 문제와 정치적인 요소들이 존재하는 것이 현실이고 동시에 일본 같은 직업관을 교육을 통해 재정립하기에는 충분한 준비와 시간이 필요하기 때문에 우선적으로 할 수 있는 리더십 공동체를 결성하여 공동 대응해 나가자는 것이다. 사업으로는 경쟁을 하더라도 리더십으로는 서로 협력하고 상호의존의 관계를 맺어보자는 것이다. 리더십 공동체를 결성하기 위해서는 단계별로 접근해야 한다.

리더십 공동체 1단계

1단계는 같은 회사 내에서 리더십 공동체를 만들고 제휴와 협력을 시도해보자는 것이다. 공식적인 조직도상에서야 사업부별 또는 사업본부별 조직도 산하에 위치한 조직의 리더들로 리더십 공동체가 형성되어 있는 것처럼 보이지만, 실질적으로 문제가 발생되었을 때 문제해결을 위해 한마음과 한뜻으로 문제해결을 위해 공동의 목소리를 내고 합의된 실행안을 동일하게 적용할 수 있어야 한다.

공동체가 작동되려면 각각의 리더들이 리더십 공동체의 일원으로 행동해주어야 한다.

우선, 리더의 리더들은 모두 다 같이 한목소리와 톤을 유지해야 한다. 전임 리더의 리더십 이슈로 조직이 무너지고 있는 조직에 긴급 투입되어 엄격한 원칙을 적용하고 근무기강을 유지하면서 조직을 이끌고 있는 리더에게 바로 위 상사가 리더가 속한 조직의 MZ직원을 면담하고 나서 앞뒤 사정과 맥락은 파악하지 않은 채 직원의 하소연을 경청해준 것까지는 좋았으나, 해당 조직의 리더를 불러 MZ직원들이 힘들어하고 있으니 조금 유연하게 풀어주라고 피드백을 해버리는 것이다.

결과는 어떻게 전개되겠는가? 불편하고 힘들었던 조직구성원들이 향후 어떻게 리더가 바뀔지를 지켜보게 되고 리더의 권위가 약해질 위험이 높아진다. 이런 경우 리더의 권위가 흔들리지 않도록 해야 하는 것이 리더십 공동체에서 리더의 리더가 지켜 줘야 할 것이다.

엄한 교육을 하는 부모를 피해 할아버지에게 하소연하는 손자를 대하는 태도를 보이는 것은 리더십 공동체에서는 삼가야 한다.

두 번째로 집중해야 할 것은 리더들 간 공동의 협력을 해나가고 약속한 것들은 지켜나가는 것이다. 즉, 리더들 간의 공동대응도 필요하다. 자기가 맡은 조직에서 반드시 필요한 상황이라 출퇴근 시간을 지키는 원칙을 세우고 일하는 방식과 태도를 바로 세우며, 고군분투하고 있는 리더가 있는데, 옆에 사업부나 부문에서는 좋은 게 좋은 것처럼 리더십 행동을 하며 출퇴근 시간이 지켜지지 않아도 그냥 넘어가는 행동을 한다면 당연히 구성원들은 자기조직과 좀 여유 있게 돌아가고 있는 옆 조직을 비교하게 된다. 그리고 옳고 그름보다는 당장 편하고 무난한 근무환경을 원하는 것이 인간의 본성인지라 자기가 속한 리더의 리더십에 조금씩 불만을 가지게 된다. 이런 현상이 시작되면 나름 원칙을 지키고 MZ직원들을 효과적으로 이끌고자 몸부림치는 리더들의 노력은 허물어지기 시작한다. 상대적으로 내가 뭐하러 이런 고생을 해야 하나 억울함도 생기고, 역시 원칙을 지키기보다는 다른 리더들처럼 현 상황에 순응하고 적응하면서 타협해나가는 것이 오히려 현명한 것 아닌가 하는 회의까지 들게 된다. 상실감에 젖은 리더들이 하나둘씩 늘어나면 결국 공동체 결성과 노력은 물거품이 되어 버린다.

ⓔ 리더십 공동체 2단계

1단계도 어렵지만 2단계는 리더들에게 큰 도전이 될 것이다. 이런 시도를 생각해 본 적이 없기 때문이다. 그러나 가능성이 충분히 있다고 보는 것은, 기업이 생존하고 지속 성장하기 위해서 MZ세대에 통하는 리더십 역량을 개발하고 보완하지 않으면 기업이 어려워진다는 것은 누구나 공감하고 있기 때문이다. 당장 법적인, 제도적인 문제가 해결되는 것을 기다리는 것은 가장 위험한 선택이므로 만만치 않지만 기업 간에 리더십 공동체를 통해 협력하고 공동대응해 나간다는 발상은 역설적으로 매력적일 수도 있다고 생각한다. 동종업계든 경쟁사 간이든 리더십 공동체에서 함께 원칙을 세우고 적용해나가는 것을 지키고 협조해나가는 것이 중요하다. 예를 들면 재택근무의 원칙을 원칙대로 적용해나가는 것, 복리후생제도의 원칙을 지켜나가는 것, 일하는 방식에 대해 일관된 리더십 행동을 발휘하는 것, 고령화되고 있는 시니어 인력에 대한 재교육과 새로운 업무 분장과 평가계획을 기준에 따라 운영하는 것, 저성과자를 절차에 따라 퇴사시키는 것 등이다. 한 회사가 변화를 시도하려고 할 때 '다른 회사는 그대로 하고 있는데 왜 우리 회사만?'이라는 불만이 생기지 않도록 하는 것도 어찌 보면 리더십 공동체가 해결할 수 있다.

리더십도 선의의 경쟁을 통해 상호 발전을 이룰 수 있기도 하지만 리더십 공동체에서 업계표준을 정하고 실천하는 것도 지금 상황과 맥락에서는 본질적 이슈라고 할 수 있다.

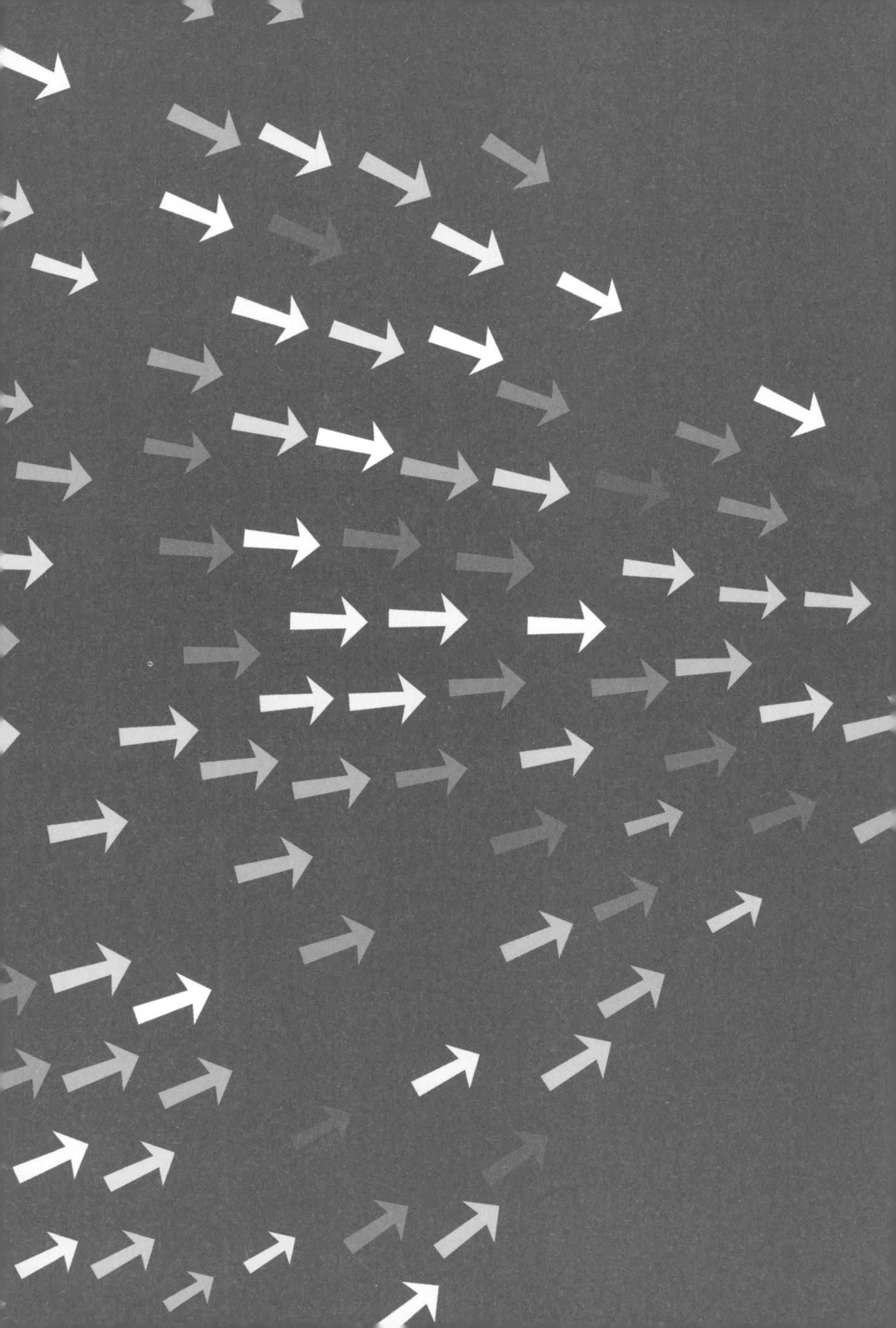

Chapter.4

MZ세대 리더의 HR 실전 솔루션!

MZ세대, 집합명사가 아니고 군집명사다!

심리학에서 의사결정 과정이나 논리적 사고를 할 때 인간이 빠지기 쉬운 오류들 중의 하나로 성급한 일반화의 오류를 꼽고 있다. '성급한 일반화(hasty generalization)'란 몇 개의 사례나 경험으로 전체 또는 전체의 속성을 단정짓고 판단하는 데서 발생하는 오류이다. 불확실한 증거를 기반으로 한 귀납적 일반화에 도달하는 데서 발생하는 논리적 오류를 일컫는 말이다. 일반적으로 모든 개체군 중에 비효율적이게 일부 집단만을 통계로 조사해서 그것을 바탕으로 폭넓은 결론에 도달하는 것을 말한다.

성급한 일반화의 사례를 들어보면 다음과 같다.

"뉴스나 재현극, 르포에서 안 좋은 사건들이 많이 나온다."

⇒ 그러므로 요즘 세상은 범죄만이 가득하다.

"청소년 범죄가 날로 과격해져 간다."

⇒ 그러므로 요새 청소년들은 모두 과격하다.

"노인들이나 어른들, 기성세대 사이에는 꽉 막히거나 꼰대인 사람들이 있다."

⇒ 그러므로 모든 어른이나 노인 및 기성세대는 죄다 꼰대에 꽉 막힌 사람들이고 인정도 없는 소인배들이다.

"요즘 아동 관련 범죄가 늘어나는 중입니다. 그런데 이들의 주요 패턴은 아이들에게 도와달라 부탁하는 겁니다."

⇒ 아이에게 도움을 요청하는 어른들은 위험하니 부모님은 주의를 주십시오. 모든 어른들은 애들에게 도와달라고 안 합니다.

이런 사례를 주변에서 많이 보고 경험하게 되고 우리도 그중에 한자리를 차지하고 있음을 발견하게 된다.

일반화의 오류에서 자유로운 사람은 없다고 말할 수 있다. 특히 방송과 미디어를 보다 보면 요즘 세대 MZ세대는 지구에서 태어난 것이 아니라 어디 외계에서 '짠'하고 등장한 사람들인 것처럼 특별나게 다루고 특정한 부분을 부각시키는 성향이 있음을 금방 알게 된다. 방송의 의도가 세대 간의 상호이해와 공감대를 형성하기 위해 서로를 잘 알 필요가 있다는 취지라고 하기에는 너무 흥미 위주로 이 세대 간 차이를 몰고 가는 듯한 느낌을 많이 받게 된다. 연예 오락 프로그램에서도 그날 등장한 한 연예인의 실수를 찍은 방송영상을 화면에 띄우면서 출연자들이 그렇게 몰고 가는 것을 가끔 보게 된다. 물론 재미를 더하기 위한 행동임을 알 수 있다. 이때 당하고 있는 연예인이 계속 반복해서 억울함을 호소하면서 사용하는 용어가 '악마의 편집에 당했다'는 것이다. 앞뒤 맥락은 다 잘라버리고 특정 순간의 영상만 남겨놓고, 그것도 순간 캡처로 정지화면을 보여주고 있는 것이다.

우리도 계속 보고 듣고 하는 정보를 가지고 'MZ세대는 저렇구나'라고 편견을 쌓아가고 있지 않은지 한 번쯤 돌아봐야 한다고 생각한다. 그냥 누구나 하는 업무상의 실수나 행동을 MZ직원이 하면 리더를 포함한 선배들이 "MZ잖아"라고 표현하는 것을 옆에서 종종 듣게 된다. 무슨 의미인지 묻고 싶었다. 그러니까 충분히 이해하고 넘어가겠다는 의미인지, 잘못된 점을 지적하고 피드백하여 다음번에 같은 실수를 하지 않도록 코칭하겠다는 것인지 궁금했다. 이것도 결국 일반화의 오류에 속한다고 생각한다.

외부강의장에서 만난 공기업에 다니는 MZ세대의 대리와 중견기업에서 온 팀장이 회식과 관련하여 MZ세대의 행동에 대한 얘기를 나누었던 적이 있었다. 중견기업의 팀장이 요즘 회식하기도 힘들고 막상 회식을 하다가도 집에서 연락이 오면 그냥 일어나 간다는 것이다. 왜 그러냐고 물어보면 가정에 이슈가 생겨서 사정이 생긴 것도 아닌데 그런다는 것이다. 더 심한 것은 그런 모습을 보고 있던 2년 차 사원이 자기도 일어나겠다고 인사하고 회식 장소를 떠난다는 것이다. 팀장이 자리에 앉아 있는데도 아랑곳하지 않고 그런 행동을 한다는 것이다. 왜 그럼 그런 행동을 하는 사원들에게 그럼 안 된다고 피드백을 하지 않느냐고 질문하니 "MZ들이 다 그렇죠"라는 답변이 돌아왔다. 성급한 일반화의 오류의 현장이라고 볼 수 있다. 과연 MZ사원들은 대부분 회식 때 특정 사유 없이 자리를 중간에 뜨는가 묻고 싶다. 바로 그 답을 공기업에서 온 대리가 해주었다. "어, 우리는 안 그러는 데…"라며 신기하다는 표정을 지었다. 자기도 MZ에 속하지만 상사와 같이하는 회식 자리에서 전화가 온다고 자리를 뜨지는 않는다는 것이다. 그렇다고 공기업의 본부장이나 팀장이 보수적이고 통제가 강하기 때문에 특별히 회식에서 중간에 자리를 뜨는 사례가 발생하지 않는다고 볼 수는 없다고 공기업에서 온 대리가 설명했다. 자신들의 조직문화이고 서로 지켜야 할 것들에 대해 분명히 인지하고 있는 분위기라고 개인적인 의견을 피력했다. 그렇다면 이건 MZ세대이니까 그렇다고 일반화시키면 안 된다고 생각된다. 이 문제는 집안에 일이 있는데 강제로 회식에 참석하라는 것도 아니고 개인적으로 술을 못 마시는데 먹으라고 강요하는 것도 아니다. 직장인으로서 기본예절이고 같이 일하는 조직의 일원으로서 지켜야 할 매너의 문제이다. "자기 친구나 지인들과 회식을 해도 아무런 이유 없이 자리를 뜬다면 그 친구들이 이해해줄 수 있을까"라고 당사자에게 질문을 던져야 한다. 일반화의 오류에 빠져서 "어쩔 수 없지 않나, MZ들이 원래 그런데"라고 팔짱 끼고 있는 선배나 리더들이 다시 생각해봐야 할 문제이다. 아마도 그런 행동을 한 MZ사원들에게 그건 상대에 대한 예의와 배려의 문제라고 정확히 피드백했다면 그런 일은 다시 발생하지 않을 수 있지 않을까 조심스럽게 얘기하고 싶다.

ⓔ 일반화의 오류 극복 방안

심리학에서는 먼저 사례(표본)가 충분한지 따져보고, 이 같은 사례들이 대표성이 있는지를 알아봐야 하며, 소수의 표본으로 모집단에 대해 추론할 경우 성급한 일반화가 될 수 있다고 경고한다. 대표성 없는 편향된 표본으로 모집단에 대해 추론하지 말라고 충고하고 있다. 리더가 같이 일하고 있는 현장에서는 일반화의 오류를 어떻게 극복해야 할까?

먼저 개인별로 MZ사원들을 대해야 한다. MZ세대를 전체 집단의 일원으로 인식하지 말고, 그 사람 개인에게 집중해야 한다. 이유는 공통사항은 있을지언정 개인별로 다른 성품과 가치관과 자라온 배경이 서로 다르기 때문이다. MZ세대 이전에도 극소수이긴 하지만 회식 등 조직의 집단이벤트에 잘 참여 안 하고 개인 행동을 하는 사원들이 있었다. 지금처럼 용인하거나 방치하지 않고 직접적인 피드백이 되는 분위기라 밖으로 드러나거나 반복되지 않아서 그렇지, 이전부터 존재해 온 것도 사실이다. MZ세대 전체의 문제로 몰아가기보다는 개별적인 코칭과 면담을 하는 것이 효과적인 이유이기도 하다. 실제로 MZ에 속하는 사원들이 자기는 회식문화가 좋다고 표현하는 사람들도 주위에 없는 것이 아니기 때문이다.

그리고 다뤄야 할 문제의 중요도가 높고 조직의 성과에 영향을 미치는 정도가 직접적이라고 판단되면 부딪치고 지적해야지 타협하거나 눈치를 보면 안 된다. 일반화의 오류에 머물며 MZ 사원들을 방치한다고 판단되는 리더에게 왜 피드백을 하고 잔소리라도 해서 문제행동을 고치려는 시도를 하지 않았냐고 압박을 가하면 돌아오는 대답은 이런 것이다. 다른 리더들도 다 그러려니 하고 현실로 받아들여야 한다고 자기 합리화를 하고 있는 것 같고, 한번 피드백한다고 바로 교정이 안 되니 반복하다 보면 자기 에너지가 소모되는 것을 느끼고, 시간이 계속 흘러도 변하지 않는 MZ사원들을 보면 지쳐버린다는 것이다.

심정은 공감하지만 그렇다고 리더로서 해야 할 일을 지친다고 포기하는 것은 리더의 직무유기라고 할 수 있다. 지치고 변화의 기미가 안 보여도 조직의 문화와 성과에 영향을 미칠 수 있는 행동 변화의 영역이라면 리더이기에 계속 변화 시도와 피드백을 해야 한다. 혹시 '회식에 임하는 태도와 매너가 그렇게 중요한가? 너무 사소한 부분을 예로 들고 있지 않나라?'라고 의문을 던지고 싶은 분이 있을 수 있어서 부연 설명을 하려고 한다. 결국 회식에 잘 참석하지 않고 개인주의 성향이 강했던, 중간에 빠지는 성향을 보이던 대상자가 승진 시기에 왔을 때 승진을 시키지 않았다는 것이다. 이유는 중간관리자로의 승진의 의미는 자기 부서의 허리 역할을 하고 타부서와 커뮤니케이션 하고 업무 협조를 조율하며, 아래위를 연결시키는 역할을 해야 한다. 주로 회식자리에서 그런 소통들이 일어나는 경우가 많은데 그런 자리를 피하고 혼자만의 시간을 갖는 사람을 그 자리에 승진시킬 수 없다는 것이었다. 미국 실리콘밸리의 글로벌기업들도 정보 교류와 결정적으로 경쟁사들의 정보를 빼내오는 장소가 유명 술집들이라는 사실 같지 않은 진실로 전해 내려온다고 한다. 그만큼 비공식적인 소통의 장도 중요하다는 것이다. 그래서 그동안 회식도 업무의 연장이라고 인식해 왔다.

일반화의 오류에서 벗어나서 세대와 관계없이 조직의 성장과 발전을 지속적으로 추구하고, 꿈과 야망이 있는 MZ세대 구성원들을 만족시켜주는, 개인과 조직이 같이 만족하고 성공하는 Win-Win의 리더십이 필요한 시점이다. 다시 본질적 이슈로 돌아가서 리더십의 노력을 끊임없이 반복하다 보면 '아, 결국 리더십의 본질은 동일하고 MZ들에게도 통하는구나' 하는 새로운 통찰을 얻게 될 것을 희망한다.

솔직하고 정직하게 용기내기

리더에게 알면서도 실천하기 어려운 역량이자 마음가짐이 자신의 현재 상태를 솔직하고 정직하게 말하는 것이다. 이것이 어려운 이유는 대표적으로 보면 두 가지로 나눌 수 있다.

첫 번째, 이렇게 솔직하고 정직하게 부하들에게 말했을 경우에 리더의 약한 모습을 보이는 것이 아닌가 걱정되고, 또 이로 인해 리더로서의 권위가 약해지지 않을까 하는 두려운 마음이 들기 때문이다.

두 번째, 말 안 하고 넘어갔으면 시간이 가면서 그냥 넘어갈 수도 있었는데 괜히 긁어 부스럼 만드는 것이 아닌가 하는 불안감 때문이다. 부연 설명을 위한 사례를 들고 싶다.

중견기업에 법무팀장을 맡고 있는 리더의 사례이다. Y는 2

년 정도 임원승진에서 누락되어 있는 상태이고, 법무팀이다 보니 당연히 팀원들의 학력이나 경력은 화려하며, 주로 변호사들로 구성되어 있는 팀이다. 80% 정도가 여성 인력으로 이뤄져 있는 특성이 있다. 회식도 마음대로 하기가 어렵고 일정 잡기도 만만치 않고, 그렇다고 평상시 자연스럽게 면담을 할 기회도 별로 없다 보니 시간이 흘러도 리더와 팀원 간에 심리적인 거리감은 좀처럼 좁혀지지 않는다는 것이다. 업무적으로 활발하게 소통이 되는 것도 아닌 것 같아 팀장인 리더의 고민이 깊어 간다. 관계성이 깊지 않다 보니 공식적인 업무 뒤에 숨겨진 정서적인 공감이 안 되고, 비공식적으로 양해해주고 도움을 받을 일조차도 삐걱대고, 사소한 오해도 자주 발생하며, 구체적이고 있는 그대로의 소통이 안 되다 보니 커지지 않을 문제도 커져버리는 상황을 보고 있다. 결과적으로 팀장과 팀원의 사이가 벌어지고 리더십 평가도 좋지 않게 나오는 악순환의 사이클이 반복되고 있는 것이다. 리더인 팀장은 임원승진의 걸림돌이 리더십 평가이고 자신에 대한 평판이라고 인식하고 있다. 팀원들과 마음을 열고 속 시원히 대화하고 싶은데 기회는 보이지 않고 시간만 흐르고 있다. 여러분이 팀장이라면 어떻게 이 난국을 헤쳐나갈 것인가 묻고 싶다. 이때 필요한 것이 바로 솔직하고 정직하게 용기를 내어 자신의 마음을 팀원들에게 말하는 것이다.

순서는 팀 미팅을 소집하여 자신이 1대1 면담을 하고 싶다고 제안하고, 시간은 30분을 넘기지 않을 것이다. 그리고 “전체 회식을 하고 싶은데 여기서 가능 일자를 잡았으면 한다. 여러분과 면담을 하고 싶은 이유는 이러하다"라고 분명히 밝히고 느낌 그대로를 전달해야 한다.

1 대 1 면담 때는 자신에게 임원 승진의 중요한 시기라고 당당히 말하고 본인인 리더를 좀 도와달라고 솔직히 요청해야 한다.

ⓔ 리더의 민낯도 보여주는 용기

리더가 용기를 내야 하는 상황은 여러 가지가 된다. 그중에서 제일 어려운 것이 일 처리에서 문제가 되었던 자신의 실수를 인정하고 구성원들에게 당당히 밝히는 것이다. 주로 의사결정과정에서 발생한다. 그래야 불협화음이나 뒷담화가 돌지 않고 깔끔히 마무리되어 다음 단계로 넘어가게 되고, 오히려 리더에 대한 믿음과 신뢰가 탄탄해지는 것을 많이 경험하고 보아왔다. MZ세대들이 특히 싫어하는 것이 자신의 공을 빼앗거나 책임을 전가시키는 것이라고 인터뷰 과정에서 들은 적이 있다.

그럼에도 이것을 실천하기가 쉽지는 않다. 이유는 인간의 본성은 리더를 떠나 그럴싸하고 폼 나게 자신의 업적을 기억해주고 보여지기를 원하기 때문이다. 그래서 민낯보다는 포장하려는 유혹에 빠지기가 쉽다. 리더로서 자신의 히스토리나 자신만의 스토리를 만들고 싶어한다. 이를 위해 시간과 에너지를 쏟아붓기도 한다.

리더들은 리더답게 보이고 싶고, 사랑받고 존경받고 인정받고 싶어 한다. 여기서 자유로운 리더는 아마도 극소수라고 생각한다. 그런데 그것이 유혹이 되고 함정이 될 수가 있다. 그것 때문에 그대로 가면 안 되고 방향을 바꾸어야 하고 조직과 구성원들이 힘들어지고 인내해야 하는 순간이 왔다는 진실을 전달해야 하는데, 하지 않고 그대로 방향을 유지해버린다. 곧 좋아질 거라고 독백을 하면서, 리더 본인은 아니라고 부인하고 자신도 진실을 얘기했다고 주장하기도 하지만 객관적으로 영향력이 미치지 못했다고 하면 그것은 민낯을 보이고 진실을 용기 있게 말했다고 할 수 없는 것이다.

어디까지 솔직하고 정직해야 하나

간단하게 답할 수 없는 문제이다. 그때의 상황과 맥락을 고려해야 하기 때문이다. 임원 생활을 할 때 같이 일했던 팀장이 정직하고 솔직해야 한다는 것을 너무 극단적으로 해석하여 팀원들에게 가려야 할 말까지 그대로 해버리는 경우가 있어서 많이 당황한 경험이 있다. 임원들과 회의를 하고 인사적인 문제를 당사자에게 그대로 전달해버린 실수를 한 것이다. 또 하나는 아직 검토 중이고 확정은 되지 않은 유연근무제를 마치 확정한 것처럼 전달해버리는 것이다.

리더가 솔직하고 정직해야 한다는 것은 리더의 말 한마디가 조직에 어떤 영향을 미치는지를 고려하여 선을 지키는 솔직과 정직이어야 한다. 예를 들면, 의사결정을 해야 하는데 다루는 주제가 리더에게도 처음이라 확실한 이해와 파악이 안 되고 있을 때 리더는 자신도 완전히 이해가 안 되고 있으니 시간을 좀 가지고 더 연구한 후에 다시 모여 의사결정을 하겠다고 얘기하는 것이다. 리더가 만물박사일 필요는 없기 때문이다. 그 소리를 듣고 "왜 그것도 모르냐, 리더가" 하면서 수군대는 구성원은 아마도 없을 것이다. 사장단 미팅에 보고를 해야 하는 경우 준비하고 보고시까지 리더도 긴장하고 약간 떨리기도 한다. 이것을 감추면서 마치 괜찮은 듯한 태도를 취하면서 같이 준비하는 팀원들을 달달 볶고 예민하고 신경질적으로 대하기보다는 "솔직히 긴장되고 떨린다. 그래서 준비에 더 신경 쓰이고 평소보다 더 예민하게 체크할 수밖에 없으니 이해하고 더 신경 써주었으면 한다"라고 솔직히 말하는 것이 서로 편하게 보고 준비를 하게 된다.

보통의 경우 리더십 평가가 좋지 않은 리더들이 공통적으로 보이는 현상은 자신에게 중요한 사안이 닥치고 준비와 보고를 잘 마무리하고 싶고, 자신의 상사에게 어필하는 기회로 삼고 싶으면서도 그런 본심은 감추고, 다른 것으로 구성원들을 스트레스 주는 행동을 한다. 게다가 당하는 구성원들은 리더의 숨겨진 본심을 이미 알고 있다 보니 신뢰가 떨어지게 된다.

용기를 내야 할 때

리더가 가장 어려운 시기가 치열한 경쟁 상황으로 조직의 피로도는 계속 쌓여가고 있는데 그럼에도 멈출 수 없고 계속해서 변화와 혁신을 추진해야 할 때이다. 그나마 아이러니하게도 "경영 실적이 계속 안 좋으면 어쩔 수 없지 않나, 힘든 건 알지만 이대로 가면 회사가 위기에서 벗어날 수 없다"라는 논리를 펼 수 있는데, 하필이면 경영실적은 정점을 찍고 있다면 이때가 진정으로 용기를 내야 할 타임이다. 위기가 닥치고 나서 변화와 혁신은 추진할 수가 없게 된다. 그럴 만한 시간과 자원이 없기 때문이다. 혁신은 정점에 있을 때 추진해야 한다. 위기시에는 선택지조차 없다. 구조조정 아니면 회사의 매각으로 진행된다. 그런데 어려운 점은 경영실적이 좋을 때 혁신을 추진하면 구성원들의 반발이 만만치 않다는 것이다. 왜 위기의식을 조장하고 위협하느냐, 언제까지 허리띠를 졸라매면서 살아야 하느냐, 입사해서 회사가 위기 아닌 적이 있기나 했냐 하며 비판의 날을 세우기 시작한다. 이 반응을 보면서 리더도 흔들리게 된다. '내가 꼭 이래야 하나, 너무 예민한 것 아닌가, 조금 완급조절을 해도 되지 않을까' 이런 생각들이 머리에 가득 차고 복잡해진다. 완급조절의 타이밍을 정확히 찾아내는 리더는 극소수이고 일반적으로 그 정도로 정교하게 타이밍을 읽어내는 것은 현실적으로 불가능하다. 그럴 수 있다면 위기에 처한 회사들의 상당수가 살아남았을 것이다. 이럴 때 리더가 과감하게 용기를 내고 혁신과 변화를 외치고 나아가야 한다. 당당히 앞장을 서면서 이런 리더십이 지금 시대에 필요하고, 이런 용기 있는 리더를 MZ는 원한다고 생각한다.

낀세대 관리하기 (중간관리자/팀장)

MZ세대의 등장으로 가장 힘들어진 것이 낀세대인 중간관리자와 팀장들이다. 이들이 직접 부딪치며 일을 해야 하기 때문이다. 요즘 기업들은 신속한 의사결정이라는 목표 아래 원팀의 조직구조를 지향하는지라, 팀장은 한 사람이면서 조직 운영의 필요에 의해 '파트리더'라는 권한과 평가권도 없는 직책을 만들어서 운영하는 기업이 늘어나고 있다. 그로 인해 파트리더의 역할을 하는 중간관리자들은 이중고를 겪고 있다고 한다. 여기서 파트리더는 차장급으로 정의하고 시작한다. 이중고의 내용은 평가권이 없기 때문에 MZ사원들을 통제하고 관리하기가 힘들다는 것이다. 겉으로는 파트리더를 따르는 듯 보이지만 결국 속으로는 '당신이 평가권자도 아닌데 당신의 의견에 절대복종하고 따르는 것이 무슨 의미가 있는가'라고 생각한다는 것이다. 위의 상사는 "그런 현실을 모르는 바는 아니나 파트리더라는 역할과 책임을 부여했으면 실력과 인품으로 따르게 해야 하는 것 아니냐"라는 피드백과 "결국 이런 과정을 거치는 것도 팀장으로 가기 위한 과정이고 관찰 기간이다"라고 말한다.

정말 답답한 노릇이다. MZ사원들이 보고서를 만들어서 보고하게 되면 그나마 형식적으로나마 파트리더가 존재하는 조직은 파트리더를 한 번 거치고 보고되어서 개입할 여지라도 있지만, 이런 공식조직이 아닌 팀장과 중간관리자가 있는 조직은 더 어렵게 상황이 꼬여 간다고 한다. 요즘은 선임과 책임으로 호칭을 통일하고 있는 추세라 과장부터 차장, 부장을 책임이라고 통칭하니 중간관리자라는 표현이 점점 더 퇴색되어 가고 있다. 조직구조와 호칭은 단일화하고 있지만 실제로 조직은 책임이라고 총칭하는 중간관리자 그룹의 역할이 필요하다.

중간관리자가 어려운 이유

팀장이나 임원들에게 직접 보고를 하는 보고서 작업 담당자인 MZ사원들이 중간관리자인 책임급들에게 보고서를 한번 보여주고 의견을 구하거나 도움을 요청하면 좋을 텐데, '너나 나나 같은 팀원이지 않나'하는 생각을 하고 있는 MZ들은 그렇게 거치지 않고 바로 보고에 들어간다는 것이다. 보고가 잘 끝나면 문제가 되지 않는데, 보고에 문제가 생기면 팀장이나 임원들은 중간 관리자들을 불러서 좀 보고서도 봐주고 도움을 주는 역할을 왜 안 했냐고 채근하기도 하고, "아무리 평가권이 없다고 하더라도 직장의 선배면 그 정도는 해줘야 하는 것 아닌가"라고 피드백하기도 한다. 덧붙여 지금은 팀장이 아니지만 당신들도 결국 리더가 되기 위한 훈련과정에 있다고 생각해야 하고, 그 과정에서 팀원들을 어떻게 다뤄야 하는지 몸으로 보여줘야 하는 것 아닌가, 그런 측면에서 좀 더 적극적으로 MZ사원들과 소통하고 실질적인 도움을 주는 모습을 보이라고 요구한다.

여기까지는 듣고 한번 그리해보려고 하지만, 다음이 문제가 된다. 도움을 받으려는 MZ들의 태도의 문제이다. 다 그런 건 아니지만 전반적으로 두 가지 걸림돌이 발생한다고 한다.

첫째는 겉으로 드러내지는 않지만 선배가 내 평가권자도 아닌데 내가 꼭 당신을 거쳐야 할 필요가 있는지 모르겠다는 속마음이 존재한다는 것이다. 대놓고 드러내는 MZ들도 있다고 들었다.

두 번째는 선배의 멘토링과 코칭이 지금 시대에 적절한가, 즉 일에 접근하는 방식이 맞는가, 그때는 통했는지 모르지만, 디지털 시대로 빠르게 변화되어 가는데 솔직히 디지털 도구를 다루고 업무에 접목시키는 것은 우리가 더 능숙하지 않나라는 의문들을 마음 속으로든 직접적으로든 표현한다는 것이다.

중간관리자 입장에서는 정말 힘 빠지는 상황이다. 이런 의문을 제기하더라도 조금만 도움을 주고 충고하면 어느 수준으로 업무처리를 잘하는 MZ들은 문제가 없고, 비록 기분상으로 썩 좋지는 않아도 넘어가겠는데, 문제는 일처리도 잘 못하면서 선배 말 잘 안 듣고 도움 요청도 안 하고 있는 사원들이다. 도움을 주려고 마음먹고 인내하면서 가져온 보고서에 대해 자신의 의견을 말해주면 그대로 반영하거나, 의견이 다르면 다시 물어보거나 하면 그나마 다행인데, 묵묵히 동의하는 것처럼 자리로 돌아가 계속 작업을 하고 결국은 피드백을 제대로 반영하지 않은 채 보고서를 다시 올리고, 동일한 지적이 나오고, 이런 현상이 반복되다 보면 중간관리자들도 더 개입하고 싶은 마음이 사라진다고 한다.

또 한 가지 공통적으로 나오는 의견이, 자기들처럼 MZ사원들이 많은 시간을 보고서 작업에 들이고 집중하지 않는다는 것이다. 디지털 기기를 사용하여 데이터와 정보를 얻어오는 역량은 뛰어날지 모르나, 그 자료를 꼼꼼히 읽고 이해하며 분석하여 자기 것으로 만들어서 자기의 스토리로 논리를 전개해야 하는데, 그 부분에 집중하지 않고 있는 것 같다고 얘기한다. 조금 더 시간을 들이고 퇴근이 늦더라도 완성했으면 하는 마음에 한마디 하면 마치 그건 구시대의 업무처리 방식인 것처럼 반응하고, "늦게까지 일한다고 보고서의 수준이 더 좋아지는가"라는 의견을 속에 담고 있음을 읽을 수 있다고 토로하고 있다.

ⓔ 팀장의 애로사항

팀장들도 중간에 끼어있기는 마찬가지이다. 자신들의 상사들이 MZ세대 관리에 대해 관심을 가지고 팀장들에게 요구하고 있기 때문이다. 주로 눈높이를 잘 맞춰주고 소통을 효과적으로 하라는 것이다. 상사들의 성향에 따라 너무 강한 드라이브를 걸지 말라고 하기도 하고, 성과는 확실히 내도록 리더십이 발휘되어야 하지만, 시대에 맞게 관리하라고 스트레스를 준다. 시대에 맞게 관리하라는 말이 제일 애매한 요구사항임에도 불구하고 팀장은 고민하고 지혜롭게 방법을 모색해야 한다.

동시에 중간관리자라고 총칭되는 그룹들의 하소연도 들어줘야 한다. 힘들어서 도저히 MZ사원들과 일 못하겠다는 것이다. 의견이 다른 것은 서로 소통하면서 풀어나가겠지만, 무작정 자신들에게 맞춰주기를 원하거나 선배로서 자신들의 경험을 얘기해주면 제대로 들어보려고 하지 않고 그건 선배 시대에나 통하는 경험이고 지금은 그것이 그대로 통한다고 생각하지 않는다는 반응을 보이니 더 가르쳐주거나 노하우 전수를 해주고 싶지 않다는 것이다. MZ들을 면담하면 조금 결이 다른 얘기를 하고 있는 것을 발견한다. 선배들이 너무 일방적으로 자신들이 경험한 방식으로 일하기를 요구한다는 것이다. 중간관리자인 선배들과는 서로 다르게 인식하고 있는 것이다. 중재가 필요한 상황이기도 하나, 이때는 중간관리자에게 힘을 실어줘야 한다. 중간관리자들이 MZ사원들을 돕는 것은 공식적인 의무가 아니라는 것과, 선배들의 노하우를 한번 적용해 보고 안 된다고 판단되면 그때 가서 자신의 방식을 다시 찾으면 되는 것이지, 해보지도 않고 예전 방식이라고 받아들이기를 거부하는 것은 잘못된 태도임을 분명히 피드백해야 한다.

⊜ 어떻게 낀세대의 애로사항을 극복해야 하나?

일하는 체제를 한번 바꿔 보는 것도 고려해봐야 한다. 페어시스템으로 중간관리자 한 사람에 MZ사원 한 사람, 또는 두 사람을 한 팀으로 묶어서 과제를 부여하고 과제해결에 대한 평가결과를 개인의 KPI에 공동반영해 보는 것이다. 한 배를 타게 하면 공동체 의식이 살아나서 갈등이 일어나도 긍정적으로 해결하려고 양자가 노력해 나갈 것이다. 물론 팀장이 뒷짐 지고 결과만 챙겨서는 안 된다. 중간 과정을 모니터링하고 면담 등을 통해 도움을 주는 시도는 해야 한다. 극단적인 경우가 생겨 도저히 해당 페어로 묶인 팀이 시너지를 내지 못하고 갈등만 심화되는 경우는 페어팀을 다시 구성하는 것도 방법이다. 그러나 그 과정을 통해 학습된 것들이 있어 팀 전체에는 도움이 될 수 있을 것이다.

동일한 메시지와 공통의 목소리를 내줘야 한다. 팀장의 상사도, 중간관리자의 상사인 팀장들도 함께 리더십 공동체의 일원이라는 인식을 분명히 해야 한다. 어느 부서에서는 건의사항을 받아주고 어느 부서에서는 동일한 건의사항을 받아주지 않는 일들이 자주 벌어지지 않아야 한다. 사소한 일로 서로 비교하고 수군거리지 않도록 분명한 선을 지켜나가야 한다.

MZ세대들도 시간이 흐르면서 신세대들이 밀고 올라오면 자신들도 낀세대가 될 수밖에 없다. 그대로 당하는 모습을 볼 수 있을 것이다. 아마 그때 내가 왜 그랬나, 선배나 팀장들이 많이 힘들었을 것이라고 고백하는 날이 올 것이다. 참아야 한다. 리더들에게 인사권과 예산권이 제대로 부여되는 인사시스템이 제대로 도입되고 정착될 때까지, 아마도 좋은 시절이 올 것이다. 어느 세대에 속해 있든 간에 조직에 몸담고 있다면 목표달성을 통해 조직의 성장과 발전을 이루고 조직구성원 개인도 함께 성장·발전하는 것이 당연하며, 나머지는 비본질적이라는 인식이 모든 조직에 공론화되어 있는 시절을 말한다. 그때까지 리더십의 본질이 무엇인지 다시 한번 생각해보고, 본질에 집중하는 리더십 행동을 실행하고 훈련으로 단단한 리더로서의 근육을 만들어 가야 한다.

상위 30%와 하위 30%에 대한 접근방식은 달라야 한다

조직구성원들을 대하고 리딩할 때 전체를 묶어서 보고 동일한 방향과 관리방식을 취하는 것은 획일적인 접근방식이라 볼 수 있다. 개인별로 강점과 약점이 다르고 역량별 차이가 있으며 성격 자체가 다른 구성원들이 한 목표를 공유하고 모인 것인데, 동일한 메시지로 동일한 업무를 배분하고 관리하는 것은 현실적으로 불가능하기 때문이다. 공통적인 것만 찾다 보면 필요한 것들이 퇴색해 버리거나 밋밋해져 버리는 경우가 발생할 수 있다.

조직이 형성되어 진행되고 나면 조직구성원은 상위 30%와 하위 30%, 그리고 중간 40%로 구성되어 운영된다. 경험상 40%의 중간 위치에 속한 구성원은 상위로 갈 수도 있고, 하위로 갈 수도 있다. 하위로 가게 되면 하향평준화가 되어 버리는 경우이다. 상위로

가려고 노력하는 분위기가 형성되는 때는 혁신과 변화에서 위기의식을 공감하고 혁신의 노력에 동참하기 시작하면서 얻는 결과이다. 그렇기 때문에 앞서가는 상위 30%의 인력을 어떻게 늘려가고 뒤처지지 않도록 리딩하고 관리하느냐가 매우 중요하다.

요즘 리더 해 먹기가 너무 힘들다는 푸념을 들을 때마다 반문하고 싶다. 같이 일하는 구성원들이 몇 명인지, 그리고 정말 다 그렇게 리더를 힘들게 하는지, MZ세대들은 하나같이 리더를 힘들게 하는지? 이런 질문을 던지면 리더들은 다 그렇지는 않다고 한다. 잘하는 구성원들은 알아서 잘한다고 한다. 잘하는 상위권에 속하는 구성원들을 더 잘하도록 밀어주고 지원하고, 골치 아프게 하는 하위 30%에 사용하는 에너지와 시간을 상위권 직원들에게 더 쏟아부으면 조금씩 좋아지지 않을까 생각한다. 임원으로 일할 때 직접 경험해본 적이 있다. 하위 30%에 속한 사람을 아픈 손가락이라고 비유하기도 한다. 특히 그중에서도 맨 뒤에 처져 있는 구성원이 리더로서 가장 신경 쓰이는 부분이다. 그 친구를 위해 다른 구성원들보다 더 많은 신경을 쓰고 시간을 더 투자하며, 가져온 보고서를 한 번 볼 것을 두세 번 더 봐주게 된다. 필요한 교육도 다른 구성원보다 더 많이 보내고 공을 들인다. 그러나 개선되는 모습은 가시적으로 보이질 않으니 더 답답해지고 고민되게 한다.

그때쯤 상위권에 속한 구성원이 면담 요청을 한다. 자기들에게 시간이나 관심을 쏟아주고 가져 주었으면 한다는 것이다. 요즘 몇 개월간 리더가 너무 그 친구에게 에너지를 쏟고 정작 우리에게는 소홀한 것 같다는 것이다. 자신들도 지원과 관심이 필요한 타입인데, "꼭 그래야 하는가"라고 조심스럽게 속내를 털어놓았다. '아차'하는 생각과 함께 리더들이 빠지기 쉬운 함정을 지적하고 있다고 느꼈다. 리더들은 알아서 잘하고 있는 구성원들은 고맙고 대견하지만, 어느 순간 당연한 것으로 여기게 되고 아픈 손가락인 하위권의 저성과자에게 눈을 돌리게 된다. 본능적인 리더의 반응 행동이다. 주어진 시간과 여건은 유한하기에 리더가 지혜롭게 리더십을 발휘해야 한다. 상위 30%와 하위 30%에 해당하는 구성원들에게 리더십 적용을 서로 다르게 해야 한다.

상위 30%를 관리하는 법

어느 조직이나 상위 30%는 존재한다. 이들이 어떤 세대에 속하든 간에 성취 욕구가 강하고 자신의 비전과 야망이 있으며, 성공하고자 하는 마음가짐이 강한 부류의 사람들이다. MZ들이 승진에 대한 꿈이 상대적으로 약하고 승진할 자리가 현실적으로 줄어들었기 때문에 워라밸과 소확행이라는 용어를 사용하며 자신들의 행복을 추구하려고 하는 성향이 강하다고 하지만, 다 그런 것은 아니다. 실제로 MZ사원들을 인터뷰해 보면 승진에 대한 욕심도 있고 남보다 더 잘하려는 투지가 넘치는 친구들도 만나게 된다. 그들의 말을 빌리자면, 끼리끼리 모임을 가지게 되고 자신의 주변에는 주말에 필요하면 회사에 나가 일하는 동료들이 있다는 것이다. 예전과 비교하여 성공과 승진에 대한 욕심을 내는 비율이 상대적으로 낮아졌을 수는 있으나 MZ세대는 다 그렇다는 일반화는 정확한 것이 아니라고 소신을 밝혔다. 상위 30%의 인력을 조금 더 전력화시키고 계속해서 앞으로 치고 나가며 목표달성을 해내는 모습을 보이도록 전략적으로 지원해야 한다. 그들을 조직의 롤모델로 만들고, 그들이 하고 있는 일들의 초기 성공체험을 잘 정리하여 조직 내에 공유해서 상호 학습과 자극제로 사용하고 성과평가를 제대로 하여 분명한 보상을 지불하고, 조직에 건강한 경쟁 문화를 만들어내는 것이 중요하다. 건강한 경쟁과 긴장이 없는 조직은 조직의 역량 향상이 멈추거나 변화보다는 안정만을 추구하는 조직으로 추락해 버린다. 또한 상위권 직원들에게는 도전적인 과제를 부여하고 방향과 아웃풋 이미지에 합의하면 철저히 임파워먼트를 보장해주어야 한다.

이들은 성취 욕구가 상대적으로 높고 자율적으로 일하는 방식을 선호하기 때문에 되도록 간섭한다는 느낌이 들지 않도록 소통도 잘해야 한다. 본부장 역할을 하는 리더이거나 산하 조직의 팀들이 여럿 있는 경우는 각 팀의 상위 30%에 속하는 구성원들을 선발하여 본부 전체의 change agent 그룹으로 구성하여 조직 전체의 변화와 혁신을 리딩하는 역할을 맡기는 것도 조직문화를 쇄신하고 일하는 방식을 바꾸는 데 도움이 되는 방법 중 하나가 될 수 있다.

나머지로, 정말 중요한 것이 있다. 리더가 단호하게 막아줘야 할 것들이다. 이렇게 상위 30%에게 차별화된 접근을 하게 되면 하위

30%는 기분상 섭섭하기도 하고 저항을 하기 시작한다. 예를 들면, 상위 30%의 고성과자들을 시기와 질투를 뒤에 감추고 높은 나무 위에 올려놓고 흔들기 시작한다는 것이다. 일은 잘하지만 관계성이 부족하고, 너무 일 중심이고 개인주의가 강해 자기만 생각하느라 주위 동료들을 불편하게 한다든지 하는 뒷담화를 퍼뜨리기 시작한다. 또한 '그렇게 잘나고 일도 잘한다고 하니 어디 너 혼자 잘 해봐라, 우리 같은 저성과자 없이도 잘할 수 있지 않는가'라며 뒷짐을 지기 시작한다. 더불어 고성과자들의 업무추진 과정에서 조그만 실수가 발생하면 그것을 침소봉대하여 문제화하고, 자신들보다 일하는 방식에 별 차이가 없음에도 불구하고 너무 고성과자들의 능력을 과대평가하며 편애하는 것 같다는 불만을 말하기 시작한다.

이때 리더가 듣고만 있거나, '저러다 잠잠해지겠지, 그래 저들도 인간인지라 감정적으로 불편해서 그렇겠지'라고 뒤에 물러나 있으면 안 된다. 1 대 1 면담과 전체회의 때 사실이 아닌 부분은 구체적이고 명확하게 피드백하고 근거 없이 말을 지어내는 것을 경고해야 한다. 이와 병행하여 하위 30% 그룹에게도 동등한 기회를 주는 것도 잊지 말아야 한다.

하위 30%를 관리하는 법

1 대 1 면담이 중요하다. 현재 상황을 분명히 알려주고 분발을 요청해야 한다. 리더들이 쉽게 하는 실수가 다독여 줘야 한다는 생

각에 불편한 진실을 직접적으로 피드백하지 못하고 돌려 말해버리는 것이다. 그들은 결코 고마워하지 않는다. 오히려 혼란스러워한다. MZ세대를 대할 때는 더욱 분명하고 명확하게 사실 중심으로 피드백하고 소통해야 한다. 이때는 경우에 따라 단호함을 보여줘야 한다. 면담 후에 해당자가 사기가 저하되거나 더 다운될 수도 있으나, 그런 것에 휘둘리면 문제는 점점 다른 방향으로 가버린다. 이 부분이 어렵지만, 리더이기에 대가를 지불해야 한다고 생각해야 한다. 평가 면담이 가능하다면 투명하게 결과를 알려주고 구체적으로 집어서 목표대비 달성되지 않고 있는 업무들을 피드백해야 한다. '그 정도 얘기했으면 알아들어야 하는데'하는 생각이 들며 지치더라도 반복하여 리더는 기대사항을 구체적으로 알려줘야 한다. 동일한 프로젝트 수행 기회가 있으면 주어야 하고 교육 기회도 부여해야 한다. 외부 교육이든 내부 교육이든 그냥 보내지 말고 리더는 교육 전에 분명한 기대사항을 전달해야 한다. 현재 업무수행에 필요한 역량을 구체적으로 알려주고 그 부분을 복귀 후 교육을 통해 해결되었는지 결과보고를 하도록 지시하고 관리해야 한다.

그럼에도 변하지 않는 저성과자들이 있게 된다. 특히 분위기를 해치는 경우이다. 열심히 하려고 하는 주위 동료들에게 "살살해라. 그렇게 열심히 한다고 달라지는 것은 없다"라든지, "어차피 조직의 승진 자리는 한정되어 있는데 열심히 한다고 승진기회가 빨리 오는 것도 아니다" 등등의 부정적 발화를 일삼는다. 이런 경우는 방치해 두면 조직이 하향평준화가 될 위험성이 높아진다. 직접 불러 경고해야 한다. 그럼에도 고치지 않는다면 그 친구가 잘할 수 있는 역량 발휘가 가능한 부서로 이동시키는 조치를 해야 한다.

리더가 십자가를 져야 하는 상황과 맥락이 분명히 있음을 설명해 왔다. 이런 것을 안 하고 리더십의 본질에 집중하기는 사실상 어렵다. 리더이기에 가끔은 잠 못 이루는 밤을 보내야 한다. 잠 못 이루는 밤이 오면 그것은 리더십의 본질에 집중하기 시작했다는 신호임을 깨닫고 자신을 자랑스럽게 생각하라.

경청만이 답이 아니다

MZ세대를 위한 리더십에 대한 칼럼들을 보면 항상 공통적으로 강조되고 있는 것이 다른 세대들보다 더 자주 많이 경청해주어야 한다는 것이다.

그런데 과연 그런가 질문하고 싶다. 경청은 리더십에 있어서 기본이고 필수 역량인지라 리더십 교육에는 항상 다뤄지는 주제이긴 하나 왜 MZ세대에게 더 경청을 해주라고 주장하고 있는지 궁금하다. 아마도 대화하기를 원하고 자신의 의견을 들어주기를 원하는 세대의 특성 때문이라고 추측한다. 거기에 머물면 효과적인가라는 질문을 던지고 싶다. 마냥 경청해주면 MZ들이 스스로 동기부여가 되어 조직의 목표를 향해 치열하게 달려가는가, 방향을 정해주고 왜 그 방향이 맞는지를 구체적으로 설명하거나, 아니면 지금 상황 파악과 주어진 부족한 정보 아래 이것이 차선의 의사결정이고 마냥 기다리는 것보다는 현재 기준을 목표로 삼고 전진해 보자. 전진하는 과정에서 돌발 상황이 발생하거나 기본 가정이 사실이 아니었다고 판단되었을 때는 방향을 바꾼다고 명확하게 소통하는 것이 더 효과적이라고 생각한다.

ⓔ 이건 지시가 아니니 참고만 해라?

경청만 잘하는 리더는 과연 리더인가, 그런 리더를 겪어본 적이 있다. 처음에는 너무 좋았다. 그것이 반복되고 리더가 자신의 의견은 말하지 않자 답답한 나머지 "어떻게 했으면 좋겠습니까"라고 질문하면, "이건 꼭 그렇게 하라는 지시가 아니니 참고만 하라"라는 답변이 돌아왔다. 난이도나 과제의 우선순위가 그리 높지 않은 일상적인 일들은 그런 반응을 보여도 문제가 되지 않지만, 결정의 난이도와 결과가 심각한 경우에는 리더의 책임 회피로 받아들여진다.

MZ세대에게는 아마도 더 답답하게 느껴질 것이다. 해석되기로는 무조건 지시하고 따르라 하고 임무를 완수하라고 하는 식의 리더십은 MZ들에게서 동기부여와 열정을 끄집어낼 수 없으니 일을 지시하기 전에 충분히 취지와 목적을 설명하고 의견도 물어보고 그 의견을 진정성 있게 경청한 뒤 다음 단계로 가라고 하는 것이라 생각된다. 그럼에도 경청을 강조하고 친절한 리더의 모습만을 떠올리게 하고 진짜 중요한 리더의 신속한 의사결정을 중시하지 않는 이상한 분위기가 감지되고 있다.

전투가 벌어져도 경청할 것인가?

사업부장 교육을 설계하면서 현직에 있는 사업부장들을 인터뷰할 기회가 있었다. 지금도 기억에 남는 인터뷰 스토리가 있다.

> 전투가 벌어지고 고지를 반드시 점령해야 하는 지휘관이 계속해서 전사자가 발생되는 상황이 이어지면, "우리 계속 공격하는 것이 맞는가? 의견 좀 내보라"라고 하거나, 부하들 앞에서 눈물을 흘리며 미안하다고 하고 있을 것인가? 그것이 지휘관으로서 올바른 행동인가?
>
> 진정한 전투지휘관은 전사자가 발생함에도 고지탈환을 목표로 "돌격 앞으로"를 외치며 냉혹하게 지휘해야 한다. 거기서 멈추면 죽도 밥도 안되고 더 많은 희생자를 나오게 하고, 희생자들의 값진 희생을 헛되게 만든다. 제대로 된 지휘관이라면 고지를 점령한 후 그때 가서 전투 중에 발생한 사상자들에 대해 가슴 아파하고 눈물을 흘리는 것이다.

예화를 들면서 사업부장도 전투지휘관과 동일한 역할을 해야 하는데, 요즘 사업부장들의 멘탈이 약해지고 있는 것에 우려를 표하는 것으로 인터뷰를 마무리한 기억이 있다. 극단적인 예시이긴 하나 경청의 진짜 목적을 다시 생각해보아야 한다.

심리학에서는 경청이 제대로 진행되면 깊이 있는 공감수용 단계로 가게 되고 이 과정에서 말하는 대상자가 스스로 객관적이 되어 자신의 문제를 깊이 있게 돌아보게 되어 해결단계로 가까이 갈 수 있다고 경청의 효과에 대해 강조하고 있다. 리더의 진정성 있는 경청은 구성원들에게 일하고 싶은 열정과 동기부여를 촉진할 수 있다고 경청의 파워에 대해 설명하고 있다.

그러나 경청에도 상황과 맥락, 수준이 존재한다. 특히 MZ세대에게 경청이 답이 되는 것처럼 경청 잘하는 리더십만을 강조해서는 안 된다. 경청 후에 분명한 설명이나 피드백을 같이 해줄 수 있는 리더여야 된다. 내가 MZ세대라면 오히려 경청 역량이 부족해도 결정적인 순간에 의사결정을 해주고 결과에 책임을 질 줄 아는 리더가 일하는 차원에서는 더 편하게 느껴질 것으로 생각한다.

@ 말 잘 들어주는 좋은 아저씨가 될 것인가?

경청이 오용되고 있고 리더 교육에 소통을 강조하면서 대표 키워드가 되고 있는 것을 우려하는 것이지, 경청이 필요 없다고 주장하는 것이 아님을 분명히 하고 싶다. 리더가 좋은 아저씨 취급받는 것이 옳은가, 아니, 그렇게 불리는 것이 손가락질받는 것보다 낫다고 생각하는가?

리더는 때론 손가락질받아야 한다. 그런 십자가도 져야 한다. 조직의 목표를 달성한다는 것은 쉬운 일이 아니다. 특히 점점 어려워지는 환경 변화 속에서 남의 돈 벌기가 쉬운 일이 아니다. 시장에서 제품과 서비스로 단골 고객을 만든다는 것이 얼마나 어려운 일인가? 거칠고 힘든 과정을 인내해야 하고 인내하도록 훈련시켜야 하는데, 경청만 가지고 리더십이 먹힐 것인가?

피드백할 줄 아는 경청

MZ세대에게는 오히려 피드백을 받는 훈련을 시켜야 하고, 리더들은 집중적으로 '건설적인 피드백(Constructive Feedback)'과 '경청'의 비율을 70 대 30의 비중으로 강조하고 적용할 수 있도록 훈련해야 한다. 예전과 비교하면 가정에서도 피드백을 받을 기회가 점점 줄어들고 학교에서도 제대로 된 피드백을 받지 못하게 되는 시기를 거치다 보니 성인이 되어 회사에 입사한 다음에야 부랴부랴 피드백 세션을 갖게 된다. 그러니 제대로 반응하고 해석하기가 어려울 것이다.

MZ세대가 많이 사용하는 단어 중 하나가 '상처받았다'는 것이다. 상처 준 사람의 실체가 없는데도 스스로 그렇게 느끼기도 하는 모양이다. 코칭 세션에서 리더들이 상대적으로 어려움을 더 느끼는 것이 무엇인지 질문하면 피드백을 제대로 하는 것이라고 다수가 답변한다. 여기서의 피드백은 제대로 된 피드백을 말한다. 지적하거나 화를 내거나 위협을 하는 것은 피드백이 아니다. '리더에게 필요한 소통'하면 바로 답하는 것이 '경청'이라는 단어이다. 그런데 경청 훈련을 진행하다 보면 더 이상 대화가 진행되지 않고 돌고 도는 현상을 관찰하게 된다. 대화를 중단시키고 이유와 느낌을 물어보면 문제를 해결하기 위해 스스로 문제를 제시하고 해결하려는 단계에 들어가지 못하고 있고, 리더가 분명한 이슈에 대한 피드백을 해야 하는데 경청이라는 만만치 않은 틀에 갇혀 피드백이 제대로 안 된다고 하소연을 한다. 피드백이 뒤따르지 않는 경청이 힘을 잃게 되는 현상이 벌어진다. 조직 내라는 맥락과 주어진 목표를 달성하도록 하기 위한 경청임을 잠시 잊어버리고 있어서 그런 것이다.

어떤 상황에서 상담과 코칭을 하고 있는지에 따라 경청의 비중을 피드백보다 더 늘릴지, 또는 줄일지를 판단하고 적용하는 것이 지혜롭다. 성과면담의 상황은 경청보다는 피드백에 집중해야 한다. 고충처리 면담은 충분히 공감수용하도록 경청에 집중해야 되는 것이지, 분위기를 타고 이 시대는 경청 잘하는 리더십이 대세라고 받아들이는 것은 너무 일률적인 리더십 행동이라고 보인다.

리더십에 원칙이나 철학과 가치를 항상 고민하고 점검하는 것이 리더가 해야 할 행동이다. 그러나 리더는 본인에게 주어진 미션과 역할을 조직의 목표달성에 집중하고 책임을 감당해야 하기 때문에 단순히 경청을 잘해야 하고, 요즘 세대는 특히 잘 경청하고 잘 설명해야 한다는 일반적인 견해에 공감하기보다는 리더에게 주어진 조직의 맥락과 과제, 그리고 구성원들의 태도와 역량의 정도에 따라 효과적으로 경청과 피드백을 사용할 줄 알아야 한다.

비즈니스 전쟁의 시대, 리더는 전투사령관이 돼라

원래 전투사령관은 군대용어로, 사령부라는 명칭이 붙은 단위부대를 지휘하는 지휘관을 지칭한다. 사령부의 임무나 규모에 따라 지휘관의 계급이 영관급에서 장성으로 구성되어 있다. 전투를 지휘하고 책임지는 최고 책임자를 부를 때 사용한다. 여기서는 팀장과 임원급 리더들을 전투사령관의 대상으로 정의하고 시작하고자 한다.

왜 이 시점에서 군대용어까지 동원하며 기업의 리더십을 설명하려고 하는지 이유가 궁금할 것이다. 비즈니스 세계도 총성 없는 전쟁터이고 비즈니스 전쟁에서 패배하면 사상자가 발생하는 대신 회사가 망하거나, 인수·합병을 당하거나, 구조조정이 일어나서 사업규모가 축소되는 등 패배의 대가를 처절하게 치러야 한다. MZ세대를 거론하면서 당연히 이들과 같이 호흡하고 지시하고 명령을 내리며 일해야 하는 리더들이 얼마나 용감하게 앞장서서 이들을 이끌고 있는지 한번 점검해보고 싶다는 생각이 들었다.

요즘 시대에는 전투사령관 같은 리더들을 조직 내에서 찾아보기가 점점 힘들어지는 것 같다. 전투사령관의 유형은 보통 맹장(용장), 덕장, 지장으로 나누어 논한다. 기업에서도 사업부장이나 사장들의 리더십 스타일을 거론할 때 맹장, 덕장, 지장 중 어느 스타일에 가까운가로 분류하기도 한다. "용장 밑에 약졸 없다"라는 말이 있다. 용감한 장수 휘하에는 나약한 병사란 없다는 의미이다. 일본의 작가 니시무라 가쓰미가 쓴 경영서적에서 나온 말이라고 한다. 기업에서도 리더십을 비판하면서 사용하기도 한다. 리더가 그 모양이니 그 밑에 구성원들이 치열하게 일하지 않고 승부근성도 없는 것 같다고 피드백하기도 한다.

반대로 어느 조직은 경쟁 상황이 꽤 힘든 산업구조에 위치하면서도 일정한 목표달성을 유지하고 있을 때, '역시 그 사업부장이 보통이 아니니까 그 정도의 경쟁 구도를 유지하고 있는 것 같다. 밑에 같이 일하는 친구들 눈빛이 살아 있지 않은가, 사업부장이 용장 스타일이야'라고 평하기도 한다.

전투사령관의 롤모델로 어떤 사람들이 있는가? 2002년 개봉했던 베트남 전쟁의 실화를 바탕으로 한 영화 〈위워솔져스〉의 주인공으로 실존 인물인 할 무어 중령(멜 깁슨이 연기함)을 보면 이해가 될 것이다. 1965년 11월 미군과 월맹군이 전투를 벌였던 베트남 중부

고원지대인 이아드랑 전투를 영화화한 것이다.

비록 영화화된 것이지만 두 장면이 특히 떠오른다. 출정식에서 병사들에게 약속하는 연설이 있다. 전장에서 제일 먼저 발을 딛고 전장이 끝나고 복귀할 때 맨 마지막으로 발을 떼겠다는 약속이다. 상징적으로 전투사령관이 무엇을 지켜야 할지를 분명히 알려주고 있다. 두 가지 핵심 키워드로 정리하면 '희생'과 '솔선수범'이다.

또 하나의 장면은 적에게 포위를 당해서 절체절명의 위기상황에 처하자 무전병에게 '브로큰애로우'라는 암호를 본부에 날리라고 단호하게 명령하는 대목이다. '브로큰애로우'는 부러진 화살로 번역되는 암호로, 적과 아군 구별이 어려운 상황이 되어버려 어쩔 수 없이 무차별 공습을 하라는 마지막 항전의 표현이라고 한다. 명령이 떨어지고 결국 아군에게도 피해가 발생하자 정신이 나간 표정의 무전병을 붙잡고 계속 공습을 유도하라는 명령을 내리는 전투사령관의 모습을 강렬히 보여주고 있다.

ⓔ 전투사령관 같은 리더들이 점차 사라지고 있는 이유?

시대의 흐름이라고 볼 수도 있지만, 여론을 조성하고 이끄는 방향이 정확하지 않다는 생각이 든다. 우리나라의 경우 〈위워솔저스〉에 나오는 할 무어 중령처럼 브로큰애로우 명령을 내리고, 그 때문에 아군들까지 공습의 피해를 보는 결과를 초래했다면 언론이 어떻게 반응할까? 전투의 승리는 잠깐 다루고 "사령관의 무모한 명령으로 아까운 젊은 병사들이 희생당하게 되었다"라는 논조로 분위기를 끌어가려고 하는 언론들이 등장할 것이다. 전쟁이라는 살벌하고 치열한 상황을 배제해버리고, 인명피해는 어찌할 수 없음을 알고 있음에도 그런 상황과 맥락을 기본으로 출발하지 않고 원론적인 비판을 가하는 것이다. 전쟁과 전투의 속성을 제대로 이해하지 못하는 안타까운 비판이다.

더 안타까운 것은 그런 형태의 비판을 묵묵히 받아내고 전투사령관으로서의 역할과 책임을 수행해나가려는 진정한 리더의 사명을 감당해내려 하는 리더들이 사라지고 있다는 것이다. 무난하게 평가받고 조직구성원들과 갈등 상황에 놓이지 않으려고 하는 성향들이 위기를 불러일으키고 있다.

전투사령관이 되려면?

첫째, 기준과 원칙에 대하여 단호함을 보여주고 직접 솔선수범해야 한다. 영화에 가끔 나오는 장면들이 있다. 치열하게 전쟁을 벌이다 보니 물자가 다 떨어져 가고, 가장 중요한 식수마저 동이 나버려 목이 타들어가는 괴로움을 겪고 있는데, 수통에 담긴 물을 왕이나 사령관에게 마지막이라고 하며 바치는 장면이다. 이때 물을 마시려고 했던 왕 또는 사령관이 부하들의 눈빛을 바라보다가 마시기를 포기해버린다. 자신만 목이 타들어가는 것이 아님을 알고 고통을 함께한다. 진정한 솔선수범을 보여준 것이다.

전체 회식을 할 때 사장단 테이블에 놓인 주류의 레벨과 나머지 좌석에 놓인 주류가 동일하게 세팅하라고 체크하는 회장님을 모신 적이 있다. '뭐 그런 것까지 챙기나' 할 수도 있지만, 사원들은 다르게 받아들임을 느낄 수 있었다. 리더가 예민하지 않으면 부하들은 대단한 수준의 솔선수범만을 생각하게 된다. 부하들이 느끼는 솔선수범은 그렇게 멀리 있거나 수준 높은 것이 아니라 리더의 마음이라는 것을 놓치면 안 된다.

둘째, 벌어진 일에는 책임을 지고 부하들의 실수에 대해 비난하지 않고 관대하게 대한다. 부하들에게 관대한 대신 자신에게 엄격해야 한다. 이 사례에 대해서 여러 의견이 나올 수도 있지만, 사례 자체에 중심을 두기보다는 리더의 생각을 나누고 싶다.

다니던 회사의 사장님과 해외 출장에 동행한 경험이 있다. 당시는 출장비를 정액으로 받아서 집행했던 시절이다. 공식적인 식사 일정이 없으면 사장님과 식사를 함께하게 되었다. 식사비 계산을 하려고 하면 사장님께서 자신이 하겠다고 하여 굳이 제가 하겠다고 고집을 부리는 것이 오히려 부자연스러워서 그냥 그렇게 지나가다 보니 출장비가 그대로 남게 되었다. 나중에 알게 된 사실이었는데, 사장님이 출장에서 복귀하여 출장비 정산을 하는데 일요일에는 그냥 쉬었으니 출장비를 반납했다는 것이다. 물론 회계부서가 이슈 제기를 하고 좀 복잡해졌지만…. 다음번에도 업무상 사장님과 해외 출장을 가게 되었고 그때도 일요일 중간에 끼어있어서 사장님께 그럼 저도 출장비 반납을 하겠다고 하니 그럴 필요 없고 가족들이나 해외 출장 기회가 없는 여사원들 선물이나 사가라고 하였다. 꽤 시간이 흘렀음에도 지금도 기억이 나고 '아, 이게 바로 부하들에게 관대하지만 자신에게는 엄격한 리더의 모습이구나' 싶었다.

셋째, 예방관리를 평소에 철저히 한다. 항상 준비시킨다. 사고의 조짐이나 실패의 조짐이 보이면 아무리 잘 진행되어도 예민하게 스톱을 걸고 조심시키고, 이런 분위기를 공유한다. 비록 너무 오버하는 것 아니냐는 웅성거림이 있어도 리더는 예민한 촉을 유지해야 한다.

넷째, 항상 출동 준비가 되어 있고 실전 감각을 유지하도록 교육 훈련에 힘써야 한다. 조직의 성과와 목표가 지속적으로 달성되고 있고, 충분하지는 않지만 백업 인력도 갖춰져 있는 조직이라면 리더가 덜 고민하게 되는 주제이다. 교육 훈련은 체계적이고 지속적으로 기회가 주어져야 한다. "바쁘지 않은 날은 없다. 조금 만 더 기다려라. 상황이 좋아지면 교육의 기회를 주겠다"라는 리더의 멘트는 결국 교육기회가 오지 않는다는 메시지와 같다. 전투사령관 같은 리더라면 실전 감각을 유지하기 위해 어떤 상황에도 훈련의 시간을 확보해야 한다. 조직구성원들에게 필요한 교육이나 해외연수 등을 실행하는 방법으로 순서를 정해주는 것도 방법이다. 즉 순서대로 교육을 가되, 자리를 비운 구성원들을 커버해주는 것은 바로 뒤 순번의 구성원이 되도록 하면, 교육을 간 앞 번호 구성원들의 업무를 대신하느라 힘이 들어도 다음에는 자신의 순번이 보장되기 때문에 불평하지 않는다. 부수적인 효과는 팀워크가 생기고 상호 간의 업무에 대한 이해도가 높아진다는 것이다.

전투사령관이라고 용어를 사용하면 군대를 생각하고, 카리스마에 목소리까지 갖춘 리더의 이미지를 상상하게 된다. 그런 것을 갖추고 있다면 좋은 것이고 강점으로 작용할 수도 있다. 설사 그렇지 않더라도 상관 없다. 전투사령관으로 인정받으려면 전투에서 승리하도록 부대를 준비시키고 훈련하는 것이다. 솔선수범으로 부대원들의 마음을 얻는 것이 더 중요하다. 전투에서 승리하는 부대가 전사자들이 상대적으로 적게 나오기 때문이다. 전쟁 후에 부대원들을 무사히 고향으로 복귀시키는 것이 전투사령관의 임무이자 사명이다.

전투사령관인 회사의 리더는 조직을 성장·발전시키고 구성원들의 비전과 조직의 비전을 함께 이뤄나가도록 결과를 내는 리더임을 잊지 말아야 한다.